STEFANIE WIDMANN

ALZEY
EINST UND HEUTE

BAND 1

EDITION-TZ.DE

Literaturverzeichnis zu „Alzey – einst und heute“, Band 1

Generaldirektion Kulturelles Erbe, Direktion Denkmalpflege (Hrsg.): Denkmaltopographie Bundesrepublik Deutschland. Kulturdenkmäler in Rheinland-Pfalz, Band 20.2. Kreis Alzey-Worms. Stadt Alzey. Bearbeitet von Michael Huyer und Dieter Krienke. Wernersche Verlagsgesellschaft, Worms 2014.
Stadt Alzey (Hrsg.) Chronik der Stadt Alzey 1954 – 1972 und 1972 – 2012 (zwei Bände), o. O., o. J.
Eva Heller-Karneth, Ludwig Lessel: Alzeyer Hausgeschichte(n). Sutton Verlag, Erfurt. 1. Auflage 1999.
Volker Gallé, Christine Hinkel, Manfred Hinkel, Gisela Kleinknecht, Wulf Kleinknecht: Alzeyer Köpfe. Sutton Verlag, Erfurt 2007.
Wulf Kleinknecht: Die unglaubliche(n) Geschichte(n) des Altstadtvereins e.V., Dokumentation und Erinnerungen von 1976 bis 2017. Worms Verlag, Worms 2021
Becker, Heinrich: Die Flurnamen der Gemarkung Alzey. Hrsg.: Altertumsverein für Alzey und Umgebung, Alzey 1929.
Rainer Karneth: Romantisieren in Alzey. Der Wiederaufbau des Alzeyer Schlosses. In: Michael Simon et al. (Hg.), Episteme der Romantik. Volkskundliche Erkundungen, Münster – New York: Waxmann 2014, S. 109 – 131.
Dr. Eva Heller-Karneth: Der Alzeyer Wartbergturm. Mittelalterliche Warte, Aussichtsturm und Wahrzeichen. Aus: Heimat-Jahrbuch Landkreis Alzey-Worms. 2008, S. 38 – 42.
Eduard Berlet: Die Landwirtschaftliche Winterschule Alzey. Landwirtschaftliche Ausbildung Ende des 19. Jahrhunderts. Aus: Heimat-Jahrbuch Landkreis Alzey-Worms. 2018, S. 64 – 68.
Dr. Rainer Karneth zum Wartbergturm (2019), Text zu einem Flyer der Touristinformation Alzeyer Land und Rhh. Schweiz.
Rundschau Verlagsgesellschaft mbH (Hrsg.). Redaktion Volker Gallé, Detlev Neumann: Die Spießgasse – eine Straße in der Geschichte Alzeys. Herausgegeben anlässlich der Eröffnung „Fußgängerzone Spießgasse“ im Rahmen der 400-Jahr-Feier des Alzeyer Rathauses, Ingelheim 1986.
Festschrift: 100 Jahre Löwenschule 1883 – 1983, Alzey 1983.
Festschrift: „100 Jahre Schwimmclub Neptun 1894 e.V. Alzey“, Alzey 1994.
Festschrift: „150 Jahre Sankt Marien-Schule“, Alzey 2004.
Festschrift: 60 Jahre St. Joseph Kindergarten, Alzey 1989.
Anstaltsleitung des Staatlichen Neusprachlichen und Mathematisch-Naturwissenschaftlichen Gymnasiums in Alzey (Hrsg.): 125 Jahre Alzeyer Gymnasium – 1966. Festschrift zur 125-Jahr-Feier 1841 – 1966. Reinhold Pfund OHG, Alzey 1966.
Karl-Heinz Kipp: Ein Optimist erzählt, Alzey – Ascona 2014 (Privatdruck).
Adreßbuch für den Kreis Alzey, Darmstadt, 1905
Adress-Buch für Stadt u. Kreis Alzey, Stuttgart-Zuffenhausen, 1931
Einwohnerbuch für den Kreis Alzey und Kreis Bingen-Land, Ausgabe 1938.
Diverse Zeitungsartikel aus dem VRM-Archiv
Internet:
bistummainz.de Pfarrgruppe Alzeyer Hügelland. Die Kirchweihe von St. Joseph, Alzey (https://bistummainz.de/pfarrgruppe/alzeyer-huegelland/geschichte/alzey-st.-joseph/kirchweihe-von-st.-joseph-alzey/)
Chronik der Schreinerei Bitsch: https://schreinerei-bitsch.de/chronik/

Bildnachweise

Sammlung Walter Steinmetz: Titelfoto, Seite 2, 8, 9, 10, 11 (2, o. Edgar Nagel), 12 (2), 13 (2), 14 (3, u. l. Nagel), 15, 16, (2, r. Nagel), 17 (u.), 19 (2, r. Tronser), 20 (3), 21, 22 (2), 24, 25 (2), 26 (2), 27 (2, o.), 28, 29, 30, 31 (2), 32 (4), 33 (2), 34 (2), 35 (2), 36, 37 (3, u. Christiane Kreis), 39 (l.), 40 (r.), 41, 42, 43, 44 (2), 46, 47 (2), 48 (2), 49, 50 (u.), 51 (2), 52 (2), 54 (2), 55 (u.), 56 (3), 57, 59 (u.), 60, 61, 62, 63 (2), 64 (3), 65, 67, 68 (2), 69 (2 o. r., u.), 70 (u.), 71 (3), 74 (2), 75 (r.), 76 (2 o. r., u. r.), 79, 81 (o.), 83 (o.), 84 (u.), 85 (2), 86, 87, 88, 89 (u. Beckmann), 90 (3), 91 (2), 92 (2), 93, 96 (o.), 97 (u. r.), 99 (2), 102 (2), 103 (2), 105 (u.), 106, 107 (2), 108 (3), 109 (o.), 111, 112 (2), 113 (2), 114, 115, 117 (o.), 118 (u.), 120, 122 (u.), 123 (2), 125 (r.), 127, 128 (u.), 130, 131 (o.), 132 (2), 133, 134, 135 (3), 136, 137, 138, 139 (2), 140 (2), 141, 142 (2), 143 (4), 144 (2), 145 (2), 147 (l.), 149 (2), 150 (o. l., u.), 151 (2), Rückseite (2, l.). Manuela Baltz: 5. Nick Stabel: 6. Franz Wahner: 17 (o.), 69 (o. l.), 109 (u.), Rückseite (r.). Hans-Otto Schmitt: 18, 38, 39 (r.), 50 (o.), 53, 58, 59 (o.), 72, 73 (2), 75 (l.), 80, 81 (u.), 82, 84 (o.), 98, 100 (2), 124, 127, 128 (o.), 146, 147 (r.), 149 (2). Aus: „Hausgeschichte(n)“: 23. VRM-Archiv: 27 (u.), 45, 55 (o.), 83 (u.), 97 (2, o. r., u. l.), 131 (u.). Karl Zollitsch: 40 (l.), 95, 96 (2, u.), 116, 121, 122 (o.), 125 (l.), 129 (u.), 148 (r.). Marc Amstad: 66, 76 (r.), 77. Sammlung Manfred Hinkel: 70 (o.),110, 148 (l.), Rückseite (2. v. r.). Alexander Amstad: 78 (4). Aufbaugymnasium Alzey: 94 (2). Museum Alzey: 101, 104. Sammlung Wulf Kleinknecht: 105 (o.). Festschrift kath. Kindergarten: 117 (u.), 118 (o.), 119. Festschrift Marienschule 126 (2), 129 (o.). Gisela Kleinknecht: 150 (o. r.). Bastian Hauck: 152 (o). Stefanie Widmann 152 (u.).

Für Franz

† 30. März 2023

Die Serie ALZEY – EINST UND HEUTE von Stefanie Widmann erschien zuerst in der Allgemeinen Zeitung Alzey.

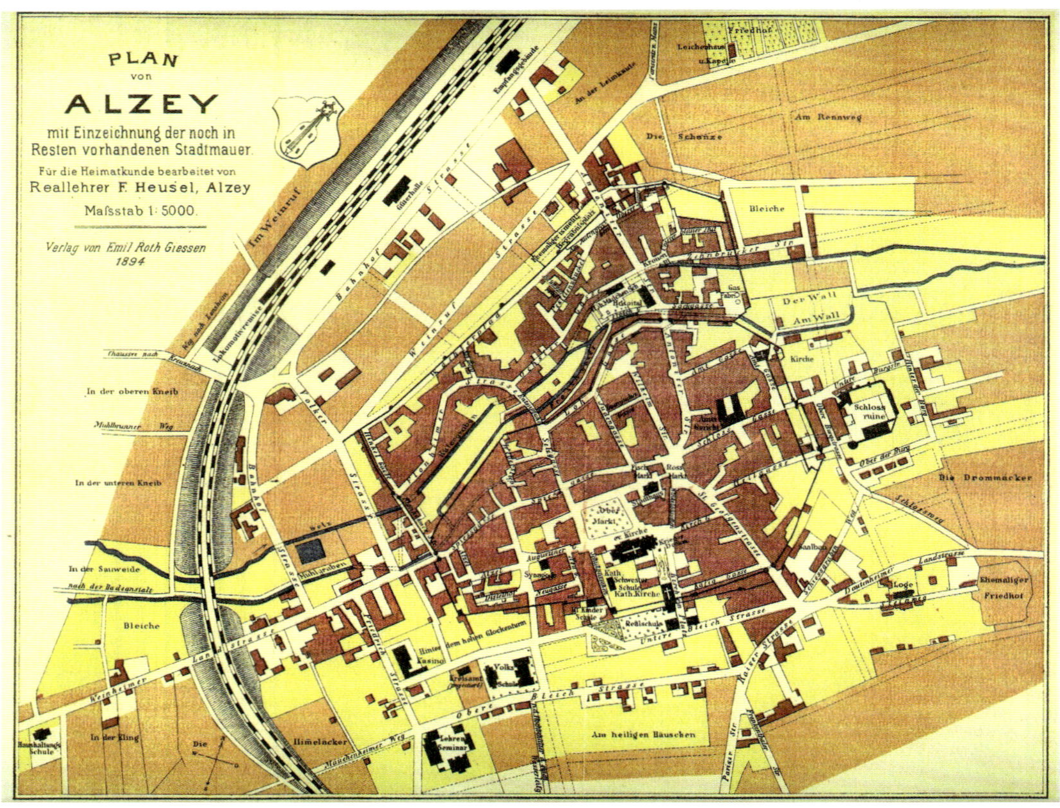

Layout: Roland Eggers, EDITION-TZ.DE

Druck:
TZ Verlag & Print GmbH, Roßdorf

EDITION-TZ.DE
Tel. 0 61 54 / 8 11 25
E-Mail: service@tz-verlag.de
www.edition-tz.de

ISBN 978-3-96031-024-2

Vorwort

Liebe Leserinnen, liebe Leser,

keine Zukunft ohne die Vergangenheit. Wer das Morgen gestalten will, tut gut daran, sich immer wieder daran zu erinnern, woher wir kommen. Unsere Stadt hat ohne Zweifel eine bewegte Geschichte vorzuweisen. Und wer wüsste heute noch davon, wenn dieses Wissen nicht immer wieder dokumentiert worden wäre?
Der jüngeren Vergangenheit unserer Stadt hat sich nun Stefanie Widmann gewidmet. Die Erzählungen und Erinnerungen der Alzeyerinnen und Alzeyer gesammelt und auf Papier festgehalten. Diese Anekdoten – mal unterhaltsam, mal ernst – zeigen die Geschichte der Stadt und ihrer Bewohner auf. Das Buch bündelt Wissen, das nun auch für die nachfolgenden Generationen festgehalten ist.

Als Bürgermeister der Stadt Alzey danke ich für diese hervorragende Arbeit und die Recherchen rund um die wichtigen Sehenswürdigkeiten und Plätze unserer Stadt.
Das Buch gibt uns mit eindrucksvollen Bildern die Möglichkeit, uns in die damalige Zeit zurückzuversetzen. Angereichert wird dies durch die Schilderung von Zeitzeugen und bekannten Bewohnerinnen und Bewohnern, die uns mitnehmen in ihre Kinder- und Jugendtage und eindrucksvoll aufzeigen, wie sich Alzey, aber auch die Welt verändert haben.

Ob Obermarkt, Wartbergturm oder die Alzeyer Geschäftswelt – wer mit offenen Augen durch die Straßen und Gassen, Plätze und Landschaften der Stadt wandelt, kann bereits erahnen, dass sich hier zahlreiche Geschichten ereignet haben. Das Werk vor Ihnen nimmt Sie, liebe Leserinnen und Leser, mit in die Vergangenheit. Tauchen Sie ein in das Leben der Alzeyerinnen und Alzeyer früherer Zeiten. Oder nehmen Sie die hier dokumentierten Geschichten hinter den Fassaden der Fachwerkhäuser unserer Stadt zum Anlass, um in Ihren eigenen Erinnerungen zu schwelgen.

Ich wünsche viel Spaß beim Lesen.

Steffen Jung
Bürgermeister

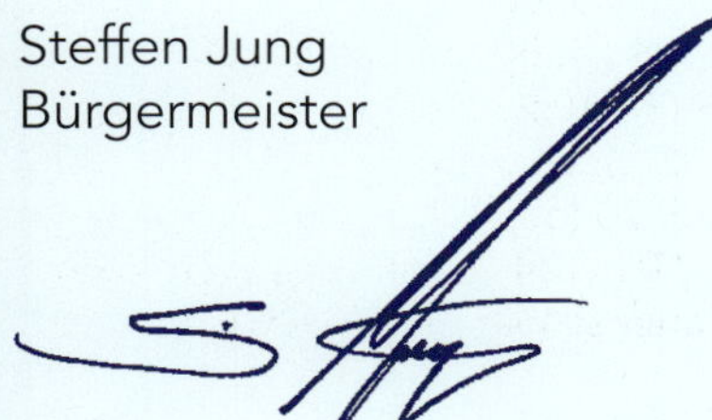

Grußwort

Unsere Gegenwart basiert auf der Welt von gestern. In diesem besonderen Buch geht es allerdings nicht nur um die große Weltgeschichte, die für viele Menschen recht abstrakt ist, sondern um die kleinen Geschichten des Alltags, die uns zeigen, wie es in früheren Zeiten in Alzey zuging.

Dieser reiche Schatz an Details eröffnet uns einen ungewöhnlichen Blick in die Vergangenheit der Alzeyer Bürger, der Häuser und Straßen. Das Buch überliefert uns Begebenheiten und zeigt uns private Einblicke, die sonst mit großer Wahrscheinlichkeit verloren gehen würden. Daher ist diese Niederschrift eine wertvolle Hinterlassenschaft für die nächsten Generationen.

Wir erfahren, wie die Menschen in Alzey, die Nachbarn oder vielleicht auch die eigene Familie lebte, mit was sich die Menschen beruflich oder privat beschäftigten und was für sie wichtig war. Wenn man diese Alltagswelt betrachtet, sozusagen die Mikrogeschichte hinter der Geschichte, beginnen wir unweigerlich auch große Zusammenhänge zu begreifen. Es sind einzelne, oftmals persönliche Momente oder Erlebnisse, die das Gesamtbild schärfen und uns die Welt besser verstehen lassen. Dadurch entsteht ein lebendiges und verständliches Abbild des Gestern, das uns den Weg in unser Heute erklärt.

Allen Leserinnen und Lesern wünsche ich viel Freude bei der Lektüre.

Marc Theodor Amstad M.Sc.
1. Vorsitzender des Altstadtvereins Alzey e.V.

Inhalt

Die St.-Georgen-Straße mit Blick nach Süden zur Kaiserstraße Anfang der 1970er Jahre.

Marianne Bösel war der Wecker für alle

Die obere St.-Georgen-Straße war vor allem in den 1950er und 1960er Jahren ein Universum für sich. Dyrauf und Dörrhöfer sind im oberen Teil als Traditionsgeschäfte geblieben

In den 1950er Jahren fuhr Bäckerstochter Marianne Bösel frühmorgens die Brötchen aus. Wenn sie um sechs Uhr ihr Moped anwarf, waren alle rundum wach. Und offenbar verließen sich auch alle auf diesen „Wecker". Denn dann kam der Tag, an dem Marianne verschlief. „An dem Tag kamen die Kinder zu spät in die Schule, die Männer zu spät zur Arbeit und die Geschäfte der Nachbarschaft öffneten später als sonst", erzählt Franz Wahner (1949 – 2023). Wenn er mit seiner Irish-Terrier-Hündin Lilly durch die St.-Georgen-Straße ging, wurden viele solcher Erinnerungen wach, denn die Straße war ein eigenes kleines Universum, in dem es einen großen familiären Zusammenhalt gab. Wahner verbrachte hier seine Kindheit und zog wenige Jahre nach dem Tod seiner Mutter Margarete 1998 wieder zurück in sein Elternhaus.

Die St.-Georgen-Straße ist nach der St.-Georgen-Kirche benannt, die einst außerhalb der Befestigungsanlagen der Stadt lag. Eines der mächtigen Haupttore, das vermutlich im 13. Jahrhundert erbaute St.-Georgen-Tor, öffnete den Weg nach Süden. Dieses wurde 1807 auf Anordnung Napoleons abgerissen, weil es der französischen Armee offenbar nicht möglich war, mit ihren Geschützen und Pferdefuhrwerken hindurchzukommen. An den heiligen St. Georg, den Namenspatron der Straße, erinnert heute ein Denkmal auf der Ostseite unweit des Brunnens. Die Straße gehört zu den ältesten der Volkerstadt, in der noch sehr viel historische Bausubstanz erhalten ist.

Kopfsteinpflaster und ganz schmale Bürgersteige – in den frühen 1950er Jahren war der Autoverkehr in der St.-Georgen-Straße noch kein großes Thema.

Bis 1973 floss der Verkehr hier noch in beide Richtungen und es gab links und rechts Parkplätze. Dann wurde sie Einbahnstraße in wechselnden Richtungen – heute stadteinwärts. Noch immer gibt es sehr viele Geschäfte, auch wenn fast alle im Lauf der Jahre mehrfach die Besitzer und ihr Erscheinungsbild gewechselt haben. „In den Sechzigern wurde besonders viel umgebaut, damals verlegten viele Hauseigentümer die Eingänge zurück und setzten große Schaufenster ein. Damit die Statik erhalten blieb, wurde der vordere Teil durch schmale, runde Säulen abgestützt, die mit Kacheln verblendet wurden", erinnert sich Franz Wahner. Andere Häuser wurden schonender umgebaut und modernisiert, hier und da legten Besitzer sogar das Fachwerk frei.

Ganz im Süden war auf der Ostseite in der Nummer 43 über viele Jahrzehnte das Gasthaus „Zum Mainzer Rad". Das Eckhaus hin zum Schießgraben erbaute der Kaufmann August Römer um 1820/1830. Anfang des 20. Jahrhunderts eröffnete der Gastwirt Friedrich Schwarz im Erdgeschoss eine Gaststätte, die sich bald großer Beliebtheit erfreute. Am Anfang war es die „Restauration zum Vater Jahn", später das „Mainzer Rad". Seine Blütezeit erlebte das Wirtshaus nach dem Ersten Weltkrieg, als Peter Dörrhöfer es betrieb.

Er war ein echtes Alzeyer Original. An einen späteren Wirt erinnern sich die Alzeyer vor allem unter seinem Spitznamen „Liehpeter". „Er war der Wirt in den 1950er Jahren und nahm es mit der Wahrheit nicht immer so genau", sagt Wahner. Der heutige Stadthallenplatz hieß im Volksmund damals „Platz der Wahrheit", ergänzt Rolf Walter (Jahrgang 1933), Metzgermeister aus der St.-Georgen-Straße 34. Später war für sehr lange Zeit der Schäfer-Karl der Wirt, der Vater des Besitzers des heutigen Sporthauses Schäfer am Kronenplatz.

Die Gaststätte „Zum Mainzer Rad" – das Foto entstand vermutlich Ende der 1940er Jahre.

„Früher ging zum Eingang eine Treppe von der St.-Georgen-Straße hoch. Viele Leute haben da Bier geholt", sagt Anneliese (Annelie) Schubert, geborene Frietsch, deren Familie damals eine Bäckerei in der Straße hatte und häufiger im „Mainzer Rad" war, das damals Brot und Brötchen von ihnen bezog. Das „Mainzer Rad" existierte als Wirtschaft bis in die 2010er Jahre, seit 2016 ist in dem Gebäude die Physiotherapie-Praxis Osteo-fit untergebracht.

Annelie Schubert (Jahrgang 1947) hat das obere Ende der St.-Georgen-Straße noch aus anderen Gründen in guter Erinnerung, denn dort gab es im Sommer leckeres Eis. „Hilde, eine der Töchter von Lebensmittelgeschäft und Eisdiele Lauer in der Weinrufstraße, hat in der St.-Georgen-Straße Milch ausgefahren. Auf ihrem Leiterwägelchen, das bei jeder Bewegung rappelte und klapperte, standen drei bis vier Milchkannen. Sie hat geschellt und jeder hat seine Milch bekommen", erzählt Schubert. Im Sommer kam „Fräulein Lauer" mittags dann noch einmal mit ihrem Eiswagen mit Waffel-Spitztütchen und Eis und stellte sich ganz oben in die St.-Georgen-Straße. „Das war das beste Eis in ganz Alzey", schwärmt Schubert. „Für zehn Pfennig gab es eine und für 20 Pfennig zwei Kugeln Eis."

Auf der Westseite ist am oberen Ende der St.-Georgen-Straße bis heute die Bäckerei Dyrauf als letzte von einstmals drei Bäckereien in der Straße noch erhalten. Um die Jahrhundertwende war in dem Eckhaus zur Bleichstraße der Fahrradhändler Georg Feldmann. Danach erwarb die Familie Dyrauf das Anwesen. Firmengründer Jakob Dyrauf I. (Jahrgang 1880) hatte sich 1905 in der Käfiggasse 9 selbstständig gemacht. 1945 übernahm sein Sohn Jakob Dyrauf II. den Betrieb und zog 1952 mit seiner Feinbäckerei und Konditorei in die St.-Georgen-Straße. 1972 folgte Helmut Dyrauf (1940 – 2009), heute führt Jürgen Dyrauf (Jahrgang1964) das Geschäft. Beliebt sind bis heute die Haddekuche, ein rautenförmiges Gewürzgebäck, das Generationen von Schülern dort auf ihrem Schulweg kauften und das Dyrauf schon bis nach Amerika verschickte. „Es gibt immer neue Tortenkreationen und für mich gibt es keine bessere Schwarzwälder Kirschtorte als die von Dyraufs", sagt Franz Wahner und seine Augen leuchten.

Die Nummer 50 bewohnte 1910/1920 der Schuhmacher Karl Schottler. 1952 kaufte das Pfälzer Ehepaar Eugenie Philippine und Kurt Otto Sprau das Haus und eröffnete im Erdgeschoss ein Geschäft für Bürobedarf. Nach dem frühen Tod von Kurt Sprau 1984 verkaufte Sohn Hans Sprau in dem Laden weiter mit sei-

Das Bürobedarfsgeschäft Sprau in den 1980er Jahren.

Die Nibelungen-Apotheke in den späten 1960er Jahren.

ner Mutter Büromöbel, Schreibmaschinen und Architektenbedarf und führte auch Reparaturen aus. „Wir waren fünf Kinder, meine Eltern haben das Haus aufgestockt und umgebaut, gefühlt habe ich in meiner Kindheit auf einer Baustelle gewohnt", sagt Monika Bayer (Jahrgang 1955), geborene Sprau, der das Haus seit 2009 gehört und die dort mit ihrem Mann Alfred Bayer eine Steuerkanzlei hat. Im Erdgeschoss eröffnete zunächst 2010 der FDP-Bundestagsabgeordnete Manuel Höferlin sein Wahlkreisbüro, heute nutzt der CDU-Bundestagsabgeordnete Jan Metzler die Räume.

In der Nummer 48 war Anfang des 20. Jahrhunderts die Metzgerei Konrad Arnold. Später war dort ein Schuhgeschäft und in den 1950ern die Leihbücherei Scheyer, erinnert sich Wahner: „Dort habe ich damals für meine Mutter Schnulzenromane ausgeliehen." Beate Feldbausch (Jahrgang 1955) erinnert sich an die Reinigung Gilbert, die dort ab Ende der 1960er Jahre war. „Da hielten immer Autos, deren Fahrer nur kurz etwas abholen wollten, der Verkehr war chaotisch."

Gerald Hammer, der 1956 das Nachbarhaus Nummer 46 erworben und dort die Nibelungen-Apotheke gegründet hatte, übernahm später auch die Nummer 48. „Er baute um mit moderner Front", berichtet Annelie Schubert. Als Gerald Hammer 1970 starb, führten Gerda

Die Schreinerei Klein wurde später zum Möbelhaus – ein Foto um 1955.

und Herwig Hammer das Geschäft. Während des Umbaus 1981/1982 lief der Betrieb vorübergehend gegenüber in der ehemaligen Drogerie Hoevel weiter. 1992 stieg Sohn Andreas Hammer in die Nibelungen-Apotheke mit ein und übernahm sie nach dem Tod von Herwig Hammer 1998. Seit 2023 hat sie einen neuen Besitzer.

Südlich vom „Mainzer Rad", in der Nummer 41, war Anfang des Jahrhunderts der Porzellanladen Anton Anthes. Nach dem Zweiten Weltkrieg hatte dort Schreinermeister Klein seinen Betrieb, der auch bestattete. „Die Werkstatt ging weit nach hinten hinaus, fast bis zur Stadthalle", sagt Schubert. „Klein hatte eine sehr nette Frau, Inge, und drei tolle Töchter, Irene, Helmi und Ursel." Später wurde der Betrieb zum Möbelhaus. In den 1970er Jahren eröffnete dann Walter Kubatschek die Teestube „Die Tube", ehe er den „Pfälzer Wald" in der Spießgasse übernahm. „Die Tube war damals ein total verrauchter Jugendtreff, in dem alles getrunken wurde – außer Tee", erzählt Franz Wahner. Später stellte Josef Schober dort lange seine Haushaltsgeräte aus. Seit 2011 ist dort der Weltladen untergebracht.

Zweiradparken vor der „Tube".

Weiter straßenabwärts folgte in den 1950er Jahren in der Nummer 39 die Drogerie Hoevel mit dem charakteristischen 4711-Schild. „Sie waren aus der Spießgasse in die St.-Georgen-Straße gezogen und ganz liebe Menschen. Sie haben oben im Haus gewohnt und hatten unten ihr gutes, sehr seriöses Geschäft", sagt Annelie Schubert und Annelore Huth (Jahrgang 1948), geborene Sprau, bestätigt: „Man konnte da mit jeder Frage hingehen und wurde immer in jeder Beziehung gut beraten." Später war dann in den Räumen ein Handarbeitsstudio, das 1988 die Geschäftsräume mit Werner Geißel (Jahrgang 1952) tauschte, der zu dieser Zeit in der St.-Georgen-Straße 14 sein Geschäft hatte. „Ich brauchte mehr Platz und Erika Käfer reichten die Geschäftsräume im alten Laden", sagt Geißel. Doris Liewald und Vera Grimm übernahmen vormittags den Verkauf. Geißel

Das 4711-Schild der Drogerie Hoevel fiel auf. Auf dem Foto aus den späten 1960er Jahren sieht man zudem rechts das „Mainzer Rad" mit dem zugemauerten Eingang, der an die Südseite verlegt wurde, links das Bürobedarfsgeschäft Sprau.

blieb bis 1993, dann übernahm Heiko Schauf den Sportartikelladen noch für einige Jahre. 2009 machte sich dann in den Räumen Svetlana Fot mit ihrer Schneiderei selbstständig.

Wo von Westen die Käfiggasse in die St.-Georgen-Straße einmündet, war in der Nummer 42 bis in die 1950er Jahre noch das Strickwarengeschäft Fleißig. Dann übernahmen Dörrhöfers. Ludwig Dörrhöfer I. hatte 1897 ein Sattler-, Polster- und Tapeziergeschäft in

Das Foto von der St.-Georgen-Straße aus dem Jahr 1951 zeigt links das Strickwarengeschäft Fleißig und rechts die Bäckerei Frietsch – davor Anton Frietsch mit Tochter Anneliese.

Die „Alzeyer Weinstube" Mitte der 1950er Jahre und unterhalb die Annahmestelle der Reinigung Röver.

der Zwerchgasse gegründet, ab 1942 führte Sohn Ludwig Dörrhöfer II. das Geschäft und zog mit der Sattlerei auf den Obermarkt und 1956 schließlich in die St.-Georgen-Straße. Schließlich übernahm Ludwig Dörrhöfer III. den Laden. Bis in die 1960er Jahre fertigte er auch noch Pferdegeschirre und restaurierte Kutschen. Er starb 2019 mit 81 Jahren. „Ludwig Dörrhöfer war überall unter dem Uznamen Katzen-Henker bekannt", sagt Franz Wahner. Heute bietet Tochter Anke Dörrhöfer in der St.-Georgen-Straße 42 nach wie vor hochwertige Taschen an.

Auf alten Fotos steht am Haus Nummer 40 „Alzeyer Weinstube".

Walter Feldbausch baute es Anfang der 1950er Jahre mit zurückgesetztem Eingang und Säulen zu seiner jetzigen Form um. Feldbausch war Fußball- und Tennislehrer und verkaufte bis Mitte 1985 in dem Geschäft überwiegend Sportartikel, aber auch schon Bekleidung. „Mein Vater hat nach und nach drei der schmalen Häuser zusammengekauft, darunter die Nummer 38, in der sich bis in die 1960er Jahre eine Annahme der Reinigung Röver befand", sagt Beate Feldbausch, die den Laden übernahm und zum reinen Modegeschäft umbaute. Als sie 2013 schloss, zog das Fotogeschäft Nagel ein, das bis heute dort ist.

Um 1980: Das Haus der Reinigung Röver, der „Alzeyer Weinstube" sowie ein weiteres schmales Nachbarhaus sind zusammengeführt zum Modeladen Feldbausch.

Josefine Frietsch Anfang der 1940er Jahre vor der Bäckerei Frietsch.

In den 1970er Jahren hatte Friseur Lenz seinen großen Salon im oberen Teil der St.-Georgen-Straße.

Gegenüber, in der Nummer 35, befand sich ganz früher die Bäckerei Philipp Fröder.
Ab 1920 war dort die Bäckerei Anton Frietsch. Nach dem Krieg stand Sohn Anton Frietsch II. mit im Laden und führte das Geschäft bis in die 1960er Jahre weiter. „Wir haben bei Frietsch immer unsere Stollen abgebacken bekommen mit der Restwärme vom Brotbacken in der Früh", sagt Annelore Huth. Und ihre Schwester Monika Bayer ergänzt: „Die Wickelcher von Frietsch habe ich so gerne gegessen, sie waren die besten überhaupt." Damals gab es in Alzey mehr als ein Dutzend Bäcker. „Jeder hat sein Brot gebacken, alle waren gut drauf, es gab kaum Konkurrenzdenken", sagt Annelie Schubert. Alle Bäcker gingen mittwochnachmittags im Winzerkeller zusammen kegeln. Ende der 1960er Jahre gab die Familie Frietsch ihre Bäckerei auf.
Der Friseur Werner Lenz zog von der St.-Georgen-Straße 19 hinauf und baute den Laden um. Ihm folgte Theresia Franke und auch heute befindet sich in der Nummer 35 mit der „Haarzeit Tina Faubel" ein Friseursalon.
Nebenan in der Nummer 31 verkauften in den 1950er Jahren die Eheleute Gralow Lebensmittel. „Gerhard Gralow war ein sehr freundlicher Mann. Sein ‚guten Morgen', mit dem er jeden Passanten begrüßte, ist mir bis heute in Erinnerung", sagt Franz Wahner. Gralow ist bei den älteren Alzeyern aber auch deshalb unvergessen, weil er der Chef der damaligen Kultband „Die Goldene 8" war. „Gralow war Berufsmusiker und hatte das gelernt, bevor er sein Geschäft eröffnete", ergänzt Schubert. Mittags habe er Unterricht gegeben – Trompete, Posaune und auch Saxophon. „Die Fenster waren auf, die ganze Gass hat gehört, wie falsch mancher Schüler da spielte. Und kein Mensch hat sich aufgeregt", sagt Schubert. Die Schaufenster nutzte viele Jahre das Geschäft Feldbausch. Als das Haus verkauft wurde, waren kurz hintereinander Mc-Shirt Textildruck sowie Läden mit festlicher Kleidung, Gummibären und Blumen drin, die sich nicht lange hielten. Jetzt ist der Gastraum des Imbissladens „Perfekt Döner" nebenan.
Die Nummer 29 besticht heute durch das schöne freigelegte Fachwerk. Auf alten Fotos ist das Haus noch verputzt. „Schon vor dem Krieg gab

Die Seilerei und Deckenfabrikation Carl Korn um 1954.

Die Bäckerei Kuznik übernahm den Laden der Bäckerei Bösel – hier ein Foto aus den späten 1970er/frühen 1980er Jahren.

es dort eine Bäckerei, später zog die Bäckerei Bösel ein", sagt Franz Wahner.

Nach den Bösels und besagter Tochter Marianne mit der NSU Quickly 50 übernahm Günther Kuznik die Bäckerei, in der sich heute der Straßenverkauf von „Perfekt Döner" befindet.

Unterhalb, in der Nummer 27, erinnert ein schmiedeeisernes Schild an das historische Gasthaus „Zum Schwanen". In den 1950ern war im Erdgeschoss die Schneiderei Bollinger. „Das war ein Herrenschneider, da hat auch mein Vater Anton Frietsch mal einen Anzug genäht bekommen", sagt Schubert. Später waren dort diverse Gaststätten, zunächst ein deutsches und dann in den 1980er Jahren das türkische Lokal „Anadoli". Inzwischen ist im Erdgeschoss eine Arztpraxis.

Unterhalb schließen sich die Häuser der Familie Korn an. Joseph Korn hatte eine Seilerei. „Da hat es immer ganz intensiv nach Hanf und anderen Fasern gerochen", sagt die Ur-Alzeyerin Schubert, die heute in Mainz lebt. Heinrich Korn hatte das Weingut. Der Gebäudekomplex zog sich über die Hellgasse hinaus bis zum Schillerplatz. Zum Kornschen Imperium gehörte eine Matratzen- und Möbelfabrik. Später zog dort Jürgen Reinhard mit einer Musikalienhandlung ein, anschließend betrieb Ute Reis ein Bekleidungsgeschäft. „Nach einem großen Wasserschaden zog sie mit ihrem Laden in die Hospitalstraße um", sagt Beate Feldbausch. „Über dem Laden war im ersten Stock ein Hallenbad", sagt Franz Wahner. Irgendwann war es einmal undicht und das Wasser lief ins Erdgeschoss. Heute befindet sich in der Nummer 25 das Schreibwarengeschäft „Papierus". Das schmale Haus gegenüber, die Nummer 36, ist das Haus der Familie Wahner. „Mein Vater, Wilhelm Wahner, hat es 1954

gekauft und umgebaut", sagt Franz Wahner. Vorher wurden dort Nähmaschinen vertrieben. Wilhelm Wahner verstarb, als Franz noch ein Bub war, seine Frau Margarete zog ihn und seinen Bruder Peter alleine groß. „Im Erdgeschoss hatte meine Mutter eine Maschinenstrickerei", erzählt Wahner.
Unterhalb, im Haus Nummer 34, war vor dem Krieg die Metzgerei Huf. „Zum Schluss verkaufte sie allerdings nur noch ohne eigene Herstellung", erzählt Rolf Walter. Sein Vater Hans erwarb daraufhin 1949 das Haus und machte sich selbstständig. 1966 übernahm Sohn Rolf, in Alzey als „die Knack" bekannt, und nachdem Margarete Wahner ihren Laden aufgegeben hatte, erweiterte er seine Metzgerei im Erdgeschoss in das Haus Wahner. „Bekannt waren vor allem unsere Neujahrswürstchen, die wir vor Silvester drei Tage lang mit fünf Mann produzierten", sagt Walter. Sie wurden nach einem koscheren Originalrezept hergestellt, das Hans Walter einmal von einem Juden bekommen hatte, und auch von ehemaligen Alzeyern in ganz Deutschland geordert. Als Rolf Walter Ende der 1990er Jahre als Metzger aufhörte, gab er die gemietete Fläche zurück. Seit der Jahrtausendwende betreibt Rolf Walters Sohn Benno Walter in der Nummer 34 einen Partyservice.

Die Chemische Reinigung Röver, die Maschinenstrickerei von Margarete Wahner, Alzey (MWA), und die Metzgerei Hans Walter in den 1960er Jahren.

Die Metzgerei Walter mit der schönen alten Tür, die beim Umbau einer neuen Front weichen musste.

Die Schreib- und Spielwarenhandlung Blass – hier um 1920/1930 – gehörte bis 1999 zu den traditionsreichen Geschäften in der St.-Georgen-Straße.

Volker-Filmpalast und Schelle-Ständche

In der unteren St.-Georgen-Straße gab es eine Reihe sehr traditionsreicher Läden, aber auch viele Geschäfte mit ständig wechselnden Betreibern

An Kinos haben die meisten Menschen besondere Erinnerungen. Sei es, weil sie dort große Filme sahen, die sie dann ein Leben lang nicht mehr loslassen, sei es, weil sie im Dunkeln ihrer ersten großen Liebe unbeobachtet etwas näher kommen konnten. Der Volker-Filmpalast – kurz Volker-Kino – in der Mitte der St.-Georgen-Straße war eines von drei Kinos in Alzey. An der Seitenfront des Gebäudes wurden in großen Schaukästen die kommenden Filme angekündigt. „Die Kinobesitzerin, Frau Trunzer, hatte da so ihr Schema: Vorne waren die Heimatfilme, dann die Wildwestfilme und im Kasten ganz hinten die schlüpfrigen Filme wie Schulmädchen- und Hausfrauen-Report", erinnert sich Franz Wahner (1949 – 2023), der zwei Häuser weiter oben in der St.-Georgen-Straße groß wurde und die letzten gut 20 Jahre bis zu seinem Tod dort wieder lebte.

„Im ersten Kasten, gleich neben der Metzgerei Walter, hingen die Ankündigungen der ‚Futzi-Jones'-Filme, ich fand die immer etwas deppert", ergänzt Annelie Schubert (Jahrgang 1947), geborene Frietsch, aus der gleichnamigen Bäckerei schräg gegenüber mit Blick auf die frühen Western. „Die Kinobesitzerin, Frau Trunzer, hat uns mal als Kinder zu zweit auf einen Sitz gehockt. Da hat meine Mutter ihr aber die Meinung gesagt, das hat die nie mehr gemacht", erzählt Schubert. „Uns hat Frau Trun-

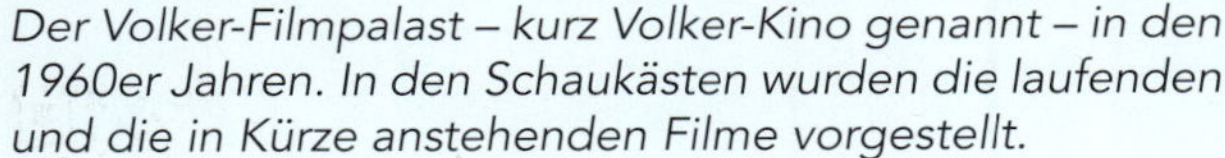

Der Volker-Filmpalast – kurz Volker-Kino genannt – in den 1960er Jahren. In den Schaukästen wurden die laufenden und die in Kürze anstehenden Filme vorgestellt.

Andrang vor dem Eingang des Volker-Kinos Mitte der 1950er Jahre.

zer als Kinder in der ersten Reihe zum Teil zu dritt in einen Sessel gequetscht und auch noch auf die Armlehnen gesetzt. Sie stand oben mit dem Rücken zur Leinwand mit einem Bambusstab und dirigierte uns auf die Plätze", erzählt Rolf Walter (Jahrgang 1933), Metzger aus der St.-Georgen-Straße.

Das Kino in der St.-Georgen-Straße 30 war als „Drei-König-Lichtspiele" zum Martinimarkt 1926 eröffnet worden. Der Name leitet sich vom Gasthaus „Zu den drei Königen" ab, das eine lange Tradition hatte und in dessen ehemaligem Festsaal die Familie Trunzer das Kino einrichtete. „Im Gasthaus ‚Zu den drei Königen' soll sogar einmal Napoleon übernachtet haben", berichtet Franz Wahner. „In der Zeit des Nationalsozialismus wurde das Gesicht des dunkelhäutigen Königs auf dem Schild mit weißer Farbe überlackiert." Heute befindet sich das Schild übrigens im Museum – ohne Übermalung. Das Kino wurde am 19. Februar 1991 geschlossen. Im Vorderhaus befand sich eine Wohnung, in die dann Andrea Krieger mit ihrer Modetruhe mit Damen- und Kinderkleidung einzog. Da es keine Schaufenster gab, wechselte der Laden später in die Spießgasse. Heute befindet sich im „Haus Trunzer" die Lak Thaimassage-Praxis.

In dem Einschnitt, in dem es früher links an einem schmalen Haus vorbei zum Kinoeingang ging, lag zurückgesetzt die Glaserei Klippel (St.-Georgen-Straße 26), ein Unternehmen, das 1890 gegründet wurde und heute in vierter Generation von Rolf Klippel geführt wird, der seinen Betrieb allerdings seit 2022 in der Ferdinand-Lassalle-Straße hat. Rechts neben dem

Das Haus St.-Georgen-Straße 30 um 1900 mit dem Schild der Gaststätte „Zu den drei Königen", in dessen Festsaal die Familie Trunzer später ihr Kino einrichtete.

Das Farbenhaus Bickel in den 1970er Jahren.

Die St.-Georgen-Straße 26 – ein Privathaus – aufgenommen um 1900.
Links vorbei ging es später zum Eingang des Volker-Kinos, rechts ist der alte Bauernhof zu sehen.

zurückgesetzten alten Privathaus, das 2019 hervorragend restauriert wurde, war bis 1970 das Bauernhaus Karl Erwin Brand. „Da musste mein Bruder abends mit dem Milchkännchen hin und Milch holen", sagt Annelie Schubert. Der Bauer hatte auch noch Kühe und Schweine. Später kaufte die Glaserei Klippel die Fläche des Bauernhofs zu, riss große Teile ab und erweiterte das Unternehmen um einen Fensterbaubetrieb. Teile des Geländes sind heute von der Stadt dauervermietete Parkplätze.

Vorne in der St.-Georgen-Straße schloss sich in der Nummer 22 das Farbenhaus Bickel an. „In seiner Glanzzeit war das ein relativ großes, gut sortiertes Geschäft", berichtet Schubert. Als das Volker-Kino geschlossen wurde, kaufte Bickel das Anwesen und nutzte es als Lagerfläche und Garage. Nach Schließung des Farbenhauses zog etwa Ende der 1990er Mc-Shirt Textildruck von der Nummer 31 hierher. 2011 erwarb Sabine Fritz das Gebäude, sanierte es und eröffnete im August 2013 dort ihr Alzeyer Kaffeehaus.

Im Haus Nummer 20 war nach dem Krieg das Elektrogerätegeschäft Scriba, das auch Reparaturen anbot. In den 1980er Jahren eröffneten Udo und Ute Wegmann die Modeboutique „Schatulle". In den 1990er Jahren zog Brauns Men's Shop aus der Spießgasse hierher. 2008 kaufte schließlich Nicola Milch-Espenschied das Haus und zog mit ihrer in der Nummer 21 gegründeten Goldschmiede ein. Bis heute bietet sie hier ihre Schmuckkreationen an.

Oberhalb des Schuhhauses Schott in der Nummer 18 war das „Café Lehmann", das auch Eis verkaufte. Dorthin hat Mutter Margarete Wahner ihren Sohn Franz als Schüler häufiger geschickt. „Im Lehmanns hun ich immer ein Glas Bier für die Mama unn fer die Kinner e Flasch gelb Limo geholt", erzählt der Flammkuchen-Franz. In den 1960er Jahren wurde daraus das „Café Gutmann". Später betrieben in der Nummer 18 wechselnde Pächter einige Jahre das „Queen's Pub", heute ist dort das Nagelstudio „Wonderful Nails".

Das Haus auf der Ecke der Einmündung zur Kirchgasse 16 beherbergte das Schuhhaus

Das Schuhhaus Schott auf einem Foto um 1900.

In den 1950er Jahren präsentierte sich das Schuhhaus Schott mit großen Schaufenstern.

Schott. „Mein Urgroßvater Jakob Schott hat den Laden im März 1863 gegründet", sagt Eveline Schulze (Jahrgang 1951). „Er war selbst noch Schuhmacher. Sein ältester Sohn Johann, geboren 1868, übernahm als nächste Generation den Laden, aber er hat schon nur noch Schuhe verkauft." Später führte seine 1924 geborene Tochter Gertrud den Laden weiter, eine verheiratete Schaab. Die Tochter, Eveline Schulze, geborene Schaab, bediente schließlich als vierte und letzte Generation im Schuhhaus Schott die Kunden. „Da habe ich als Kind meine Schuhe bekommen", sagt Franz Wahner. „Die hatten eine Maschine, da konnte man die Füße reinstellen und oben reinschauen, dann konnte man seine Zehen sehen", beschreibt Annelie Schubert das damals gebräuchliche Pedoskop zur Überprüfung, ob die Schuhgröße stimmte. „Das war faszinierend, keiner hat sich Gedanken darüber gemacht, dass die Röntgenstrahlen schädlich sind", sagt sie. „1999 haben wir nach 136 Jahren das Geschäft aufgegeben und das Haus verkauft. Danach zog Josef Schober in den Laden und bot dort eine Weile Haushaltsgeräte und Kleinelektrik an. Heute ist es eine Art Dauerflohmarkt", sagt Eveline Schulze.

Schräg gegenüber, unterhalb der Kornschen Häuser in der Nummer 21, war noch vor dem Krieg das Farbenhaus Huber. Nach dem Krieg offerierten hier zunächst das Bekleidungs-

Das Modehaus Kühn in der St.-Georgen-Straße 21 auf einem Foto von 1954.

Das geschichtsträchtige Haus Belmont, St.-Georgen-Straße 19.

geschäft Kühn und in den 1960er Jahren das Modehaus Baumgärtner ihre Waren. Es folgten ein Blumenladen mit nacheinander drei verschiedenen Betreibern und schließlich P & R Fashion, die nach dem Ende des Schreibwaren- und Spielwarenladens Blass dorthin umzogen. 2000 gründete Nicola Milch-Espenschied in dem Haus ihre Goldschmiede, kurze Zeit war es ein Teeladen und ab 2017 befand sich das Eiscafé „Da Emilio" darin. Heute ist dort die Beratungsstelle EUTB für Ergänzende unabhängige Teilhabe.

Gegenüber der Einmündung der Kirchgasse ist das Haus Belmont, die Nummer 19, besonders geschichtsträchtig. Das Fachwerkhaus wurde um das Jahr 1700 erbaut. „Es waren reiche Juden. Ein Enkel wanderte 1837 nach Amerika aus und wurde einer der reichsten Männer von New York", sagt Franz Wahner. August Belmont, 1813 geboren, machte als Politiker und Bankier in New York eine steile Karriere. Ein Pferderennen – das Belmont Stakes – und eine Straße in Brooklyn sind nach ihm benannt. Ende der 1940er Jahre hatte der Friseur Hans Grosch in dem Haus seinen Salon, dann zog zunächst Johann Laux ein, der dann in die Kirchgasse wechselte. „Mitte der 1950er hat mir der Friseur Werner Lenz dort die Haare geschnitten. Immer modisch. Seine Standardfrage: ‚Mecki oder Fassong?'." Nachdem Lenz Ende der 1950er Jahre in die St.-Georgen-Straße 35 gewechselt hatte, kaufte Horst Watroba das Gebäude, baute es um und erweiterte sein Geschäft für Bodenbeläge kontinuierlich nach hinten raus. Seit etwa der Jahrtausendwende führt Sohn Ingo Watroba die Fußbodenzentrale GmbH.

„In der Nummer 17 war nach dem Krieg der Metzger Orth", sagt Rolf Walter. Dann zog die Metzgerei Krell ein. „Beim Metzger Krell nebenan gab's für 30 Pfennig warme ‚Fleischworscht unn en Weck'", bemerkt Annelie Schubert und

Der Textilladen Gutmann 1954.

erinnert sich an ein Schild, das im Laden hing: „Wein ist der edle Saft der Reben, der Saft des Lebens ist das Blut. Der Wein verschönert uns das Leben, die Blutwurst gibt uns Kraft und Mut." Als Kind holte Schubert da immer die Bestellungen für die Familie Frietsch ab. „Die bekamen täglich morgens Brötchen von uns und in der Tüte lag ein Zettel, was wir samstags gebraucht haben", beschreibt Schubert das übliche Ritual, das es auch mit der Metzgerei Walter gab. Die Familie wusste, was ihr von welchem Metzger am besten schmeckte. „Zuletzt bediente der Metzger Ferdinand Dietz mit seinen netten Damen die Kundschaft", sagt Franz Wahner. 2022 schloss die Metzgerei. Der Laden steht seitdem leer.
In der Nummer 14 betrieben schon 1880 die Gebrüder Spitzhoff eine Messerschmiede, später übte dort Fritz Dörrhöfer das gleiche Handwerk aus. Nach dem Krieg war dort „Eis-Herbert". 1984 eröffnete Werner Geißel (Jahrgang 1952), der noch auf eine Anstellung als Sportlehrer wartete, in dem Haus ein Sportgeschäft. „Ich hatte einen Kunden, der hat immer wieder einen neuen Squash-Schläger gekauft, weil er sonntags seinen Schläger vor lauter Wut gegen die Wand geworfen hatte", erzählt er. Als erster habe er damals in Alzey die Sportschuhe „Asics Tiger" angeboten, heute eine der ganz großen Marken. Geißel wurde der Laden bald zu klein und so zog er 1988 nach oben in die St.-Georgen-Straße 39 in die ehemalige Drogerie Hoevel, wo zu dieser Zeit der Handarbeitsladen von Erika Käfer war, die dann die kleinere Fläche in der Nummer 14 übernahm. Um die Jahrtausendwende eröffnete Steffen Löchelt in dem Haus seine Tee- und Kaffeeecke. Ab etwa 2007 war dort das Schnuckel-Lädchen, in dem seit 2022 Simone Kuffin eine medizinische Nagelpflege mit einem Candy-Shop kombiniert hat.
Unterhalb, in der Nummer 12, verkaufte Textil Gutmann Stoffe und Textilien. Später gab es dort einen Jeansladen und dann offerierte Optikermeister Helmut Koch in „Kochs Optik" Sehhilfen. In den 1980er Jahren zog „Die Brille" in die Spießgasse. In der St.-Georgen-Straße 12 ist jetzt der Tizi-Shop, ein orientalisch anmutender Laden.
Nebenan war das kleine Lebensmittelgeschäft Glöckner. „Dort gab es vor allem viel Gemüse", sagt Annelie Schubert. Zeitweise stand die Ladenfläche leer, dann zog ein Fotograf ein und 1978 eröffnete Edgar Nagel dort eine Photo-Porst-Filiale und betrieb den Laden später in eigener Regie als „Foto Nagel" weiter. 2001 übernahm Tochter Heike Voelckel, die 2013 in die St.-Georgen-Straße 40 wechselte. Zeitweise war in dem Laden später ein Immobilienhändler. Anfang 2020 eröffnete Petra Haster eine Dependance ihres Schreibwarengeschäfts in der oberen St.-Georgen-Straße, den Künstler- und Bastelbedarf „Papierus creativ". Seit Anfang 2023 bietet sie dieses Sortiment jedoch im Stammgeschäft an und die Nummer 25 steht leer.
Das Haus Nummer 13 gehörte lange der Familie Schell. „Mein Urgroßvater Georg Schell hatte früher dort ein Möbelgeschäft mit Schreinerei. Auf Fotos ist zu sehen, dass er auch Bücher im Angebot hatte", sagt Rosemarie Steinmetz (Jahrgang 1953), geborene Schell.
1952 kauften Adolf und Elisabeth Gasser das Haus und verlegten ihren 1914 von Johann Gasser gegründeten Betrieb aus der Amtgasse hierher. „Elektro-Gasser" baute in den 1960er

In den 1930er Jahren verkaufte das Geschäft Georg Schell Möbel, Spiegel und fertige Betten.

Jahren das Haus grundlegend um, verlegte den Eingang zurück und stützte den nun freistehenden vorderen Teil durch Säulen ab. „Die Gassers haben im Lauf der Jahrzehnte viel zugekauft, das Geschäft wurde in die Hellgasse verlängert", sagt Schubert. Die schmalen runden, gefliesten Pfeiler sind heute dick rechteckig umbaut. Joachim Gasser bot dort noch lange Unterhaltungselektronik an. 1999 übernahmen Max Gasser und Steffen Baldauf das Unternehmen und spezialisierten sich auf EDV, Städte-WLAN und Überwachungstechnik.

Zurückgesetzt in einem schönen Jugendstilhaus mit der Nummer 11 betrieb lange Zeit „Domis" einen Messerladen und eine Messerschleiferei. Vor Silvester verkauften sie auch Feuerwerkskörper. „Da haben wir Schweizer Kracher, Fröschjer und Nunnepferzjer geholt und damit so manchen Briefkasten in der St.-Georgen-Straße in Einzelteile zerlegt", erinnert sich Franz Wahner schmunzelnd. Aktuell ist in dem Haus ein Asia-Laden.

Die Nummer 9 auf der anderen Seite der Einmündung der Hellgasse ist schon 1552 als Herberge „Zum Grünen Baum" erwähnt. 1867 erwarb der Buchhändler Jakob Blass das Anwesen. Jahrzehnte führte die Buchhandlung Wilhelm Blass auch Schreibwaren und hatte ein großes Spielzeugangebot. „Hier habe ich meine erste Schulausstattung bekommen", sagt Franz Wahner und präsentiert eine Rechnung

Unterhaltungselektronik und Lampen bot Elektro-Gasser in den 1950er Jahren in der St-Georgen-Straße 11 an.

Ein Foto des Geschäfts von Wilhelm Blass um 1900 herum.

Blass in den 1980er Jahren – hier führt der Spielwarenhändler ferngesteuerte Autos vor.

Maria Schell vor dem „Schelle-Ständche" in den 1960er Jahren.

Das Schelle-Ständche 1988, damals betrieben von Emmi Schell.

aus dem Jahr 1956. Die Tafel beispielsweise kostete 2,40 Mark. „Bei Blass hat meine Mutter mir die Schulhefte, Stifte und Radiergummis gekauft – und die Haartscher, die damaligen Klicker. Der Laden hatte einen ganz eigenen Geruch nach Büchern", sagt Annelie Schubert. „Hinten war eine riesige Eisenbahnabteilung", erinnert sich Beate Feldbausch (Jahrgang 1955), die ebenfalls in der St.-Georgen-Straße aufwuchs. Das Gebäude wurde mehrfach umgebaut und dem Zeitgeschmack angepasst. 1999 endete die Geschichte der Firma Blass. Rolf Blaß (1954 – 2021) schloss den Laden. Später vertrieb dort eine Zeitlang das Geschäft „P & R" Fashion-Mode, heute ist in dem Haus die Agentur „Bayer design".

Unterhalb steht bis heute ein Kiosk, der aber geschlossen ist. „Den hatten meine Großeltern, Wilhelm und Maria Schell", erzählt Rosi Steinmetz. Der Opa, Sohn von Georg Schell, hatte in einem der zurückgesetzten Häuser eine Schreinerei. Bis zu ihrem 11. Lebensjahr lebte auch Rosi in dem Haus. Den Kiosk kaufte Wilhelm Schell Mitte der 1950er Jahre dem pfälzischen Ehepaar Tauer ab. „Für uns war das ‚es Schelle-Ständche', da gab es Geschnuckels und Wundertüten, Micky-Maus-Hefte und alles, was Schulkinder so liebten. Mit zehn Penning haste schon die große Auswahl gehabt", erinnert sich Franz Wahner an seine Kindheit. „Der Kiosk, in dem es natürlich vor allem auch Zeitungen, Zeitschriften und Getränke gab, war eine wahre Goldgrube", sagt Rosi Steinmetz.

Eine Werbeanzeige für Griebes Puppen-Verkauf in der AZ von 1957.

Der untere Teil der St.-Georgen-Straße in den 1940er Jahren – rechts das Geschäft von Anton Mandel, Alzey (AMA), links die Buchhandlung Wilhelm Blass.

Später habe ihn ihre Tante Emmi Schell fortgeführt. Als sie in den 1990er Jahren in Rente ging, wurde er geschlossen.
Der Friseursalon Griebe in der Nummer 8 gegenüber hat in der St.-Georgen-Straße eine lange Tradition. „Früher war vorne der Herrensalon, seine Frau hatte hinten den Damensalon. Aber ich war immer vorne bei den Männern. Griebe hat ein Brett über die Armlehnen des Friseurstuhls gelegt, damit ich hoch sitze, und mir die Haare geschnitten", erinnert sich Annelie Schubert. In den 1950er Jahren richtete der Friseur in einem Raum zusätzlich ein Puppengeschäft mit Puppenklinik ein, weiß Wahner. „Wir hatten alle Schildkröt-Puppen, die starren Arme waren im Inneren durch Gummis mit dem Körper verbunden. Wenn die vom vielen Umkleiden ausgeleiert waren, hat Griebe sie wieder repariert", erzählt Schubert. „Später gab es dort auch die ersten Barbies", sagt Beate Feldbausch.
„Mein erstes Fahrrad bekam ich Ende der 1950er, Anfang der 1960er Jahre bei Anton Mandel in der St.-Georgen-Straße Nummer 6, einem Laden, in dem Generationen von Alzeyern ihre Fahrräder kauften", sagt Franz Wahner. AMA stand am Laden – Anton Mandel, Alzey. Frau Mandel verkaufte dort, ihr Mann war in der Werkstatt in der Wilhelmstraße.
Später übernahm Rainer Friess mit seiner Frau das Geschäft. Im Juli 2006 wurde es schließlich geschlossen. Noch heute steht der Namenszug Mandel an der Hauswand. Später waren in dem Haus erst ein Mittelalter- und dann ein Telekommunikationsladen, aktuell ist dort der Immobilienmakler „4wändekanzlei".
Schräg gegenüber, in der St.-Georgen-Straße 1, verkaufte lange Zeit das Textilhaus Schmitz Weißwaren. „Da waren Regale, in denen ganz große Stoffballen lagen", erinnert sich Annelie Schubert. „Der Stoff wurde meterweise für die Aussteuer verkauft, die die jungen Mädchen dann selbst nähten – Betttücher und Bettbezüge zum Beispiel." Schubert kaufte dort auch kleine Deckchen, die sie dann als Geschenk für ihre Mutter zum Muttertag bestickte. Heute ist in dem Haus das TUI Reise-Center von Roland Hallstein.

Später übernahm Rainer Friess den Laden von Anton Mandel; seine Frau war im Verkauf in der St.-Georgen-Straße.

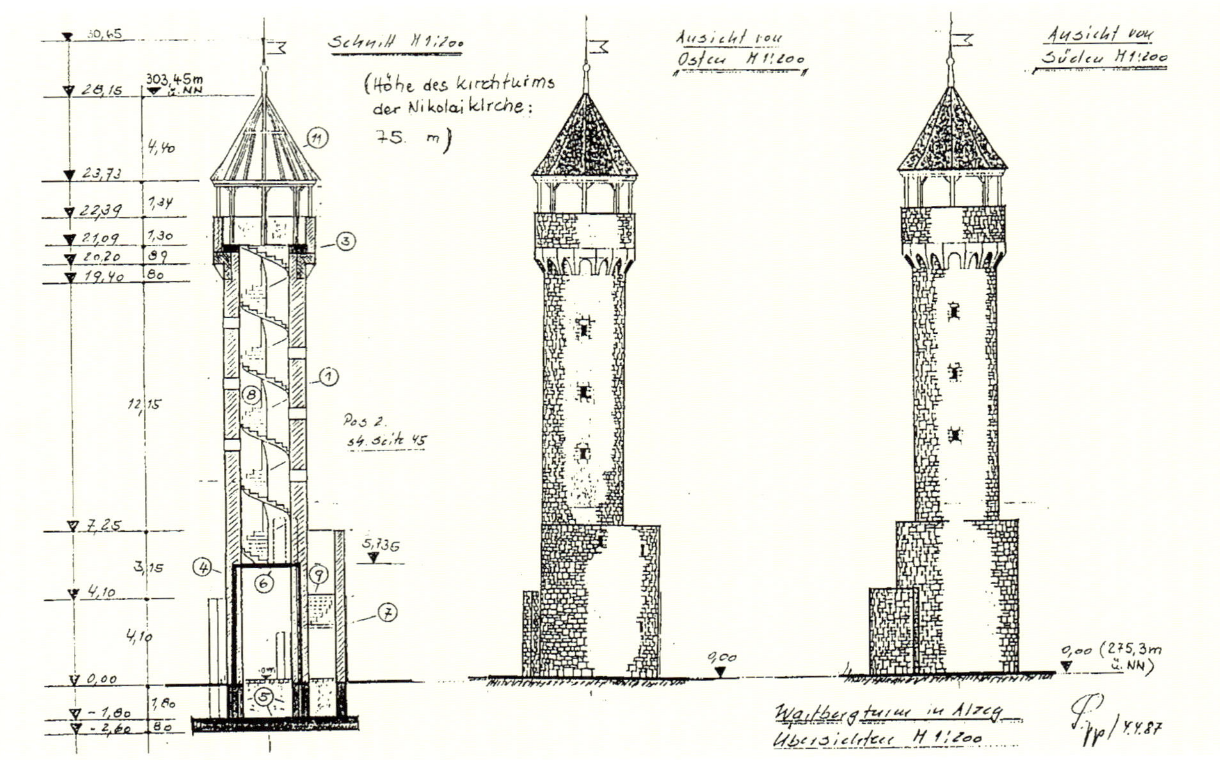

Der 1987 gezeichnete Plan zum Wiederaufbau des Wartbergturms.

Immer wieder neu aufgebaut

Der vor mehr als 600 Jahren erstmals urkundlich erwähnte Wartbergturm wurde mehrfach durch Kanonenkugeln, Fliegerbomben und Sturm zerstört

Irgendetwas war anders. Als der spätere Buchhändler Wolfgang Arnold (Jahrgang 1956) am Morgen des 23. Februar 1970 das gen Südwesten mit großen Fenstern versehene Treppenhaus im Gymnasium in der Bleichstraße zu seinem Klassenraum im dritten Stock hinaufstieg, war er zunächst einmal irritiert. „Ich weiß es noch wie heute, wir hatten in der ersten Stunde Französisch. Plötzlich war mir klar, was los war. Der Wartbergturm war weg", erzählt er. Er flüsterte es seinem Tischnachbarn zu. Der Lehrer fragte, was es denn da schon wieder zu tuscheln gebe und als Arnold seine Beobachtung laut wiederholte, erklärte ihn der Lehrer für verrückt und schickte ihn erbost vor die Tür. Dort schaute der 13-Jährige noch einmal hin. Der Wartbergturm war tatsächlich weg. Jeder konnte es sehen.

„Am Nachmittag sind wir mit den Fahrrädern hochgefahren und haben nachgeschaut. Der Turm lag der Länge nach auf der Erde", berichtet Arnold. Er war natürlich nicht der Einzige, der es bemerkt hatte, viele Alzeyer, die von ihrem Fenster aus einen Blick auf den traditionsreichen Turm hatten, waren am Morgen irritiert beim Blick gen Südwesten. „Ein Geselle kam zu mir und hat gesagt: ‚Der Wartbergturm ist weg.' Ich habe geantwortet: ‚Du hast gestern wohl zu viel getrunken'", erzählt Franz Wahner (1949 – 2023), damals Chef des Autohauses Hill in der Mainzer Straße. Aber als er zum Wartberg schaute, stellte er fest, dass

Der zerstörte Wartberg-turm im Februar 1970.

der Geselle Recht hatte. Tatsächlich hatte in der Nacht des 22. Februar ein heftiger Sturm gewütet und die knapp zehn Jahre zuvor nach Kriegsschäden wieder errichtete Landmarke schlicht umgehauen.

Wie lange es damals schon einen Turm auf dem nach ihm benannten Wartberg gab, das weiß niemand. Indirekt in einer Urkunde nachgewiesen ist er seit 1420, also seit mehr als 600 Jahren. „Flurbezeichnungen wie am ‚Wartenpfad' oder ‚uff dem Wartenberg' im kurpfälzischen Saalbuch weisen auf die Existenz einer Warte hin, sie erlauben allerdings auch den Schluss, dass ein Turm bereits vorher existiert haben muss", sagt Dr. Rainer Karneth, Direktor des Alzeyer Museums. Es wird vermutet, dass er in der ersten Hälfte der 12. Jahrhunderts als Teil eines mittelalterlichen „Frühwarnsystems" errichtet wurde.

Da die Alzeyer Burg wie die Stadt in einer Senke liegt, dürfte sie auf Wacht- und Signaltürme angewiesen gewesen sein. Ob die Warte im Zusammenhang mit der Burg entstand oder als Außenposten der Stadtbefestigung, ist indes ungeklärt. Sicher hingegen ist: Die immer wieder verbreitete Geschichte, es habe einen geheimen Gang zwischen Turm und Stadt gegeben, ist nichts als eine Legende. Der Turm stand ohne Fundament einfach auf der Erde", sagt Hermann Kopp (Jahrgang 1939), Vorsitzender des ACV Verein für Brauchtumspflege e. V. von 1968 bis 1989, der beim Wiederaufbau 1988 dabei war.

Am 17. September 1929 flog ein Zeppelin über den Wartbergturm, der damals mit Zinnen romantisch verklärt war.

Beim Sturm am 22. Februar 1970 war es auf jeden Fall nicht das erste Mal, dass der Turm

In den 1950er Jahren waren die Schäden durch die Bomben des Zweiten Weltkriegs am Wartbergturm deutlich erkennbar.

Links:
1960 wurde der Wartbergturm auf den bestehenden Resten wiederaufgebaut – und war fortan ziemlich schief.

Rechts:
1961 die Einweihung des wiederaufgebauten Turms.

zerstört wurde. Dokumentiert ist, dass feindliche Truppen ihn im Dreißigjährigen Krieg und später wohl nochmals im Pfälzer Erbfolgekrieg niederlegten. Die Franzosen nutzten ihn Anfang des 19. Jahrhunderts noch einmal als „Optischen Telegraphen", die Alzeyer Warte lag ideal an der Telegraphenlinie zwischen Straßburg und Mainz. Im Zuge der Romantik erstand der Turm Mitte des 19. Jahrhunderts neu – dann allerdings ohne militärische Funktion, sondern als reiner Aussichtsturm. 1858 feierten die Alzeyer die Wiederherstellung des „Warththurmes auf dem Wartberg". Er war mit einem Flachdach und einem markanten Zinnenkranz in „altem Styl" versehen worden.

In dieser Form überdauerte er knapp 90 Jahre, ehe er am Ende des Zweiten Weltkrieges ein weiteres Mal schwer beschädigt wurde. Am 8. Januar 1945 traf ihn die US-Luftwaffe bei einem massiven Bombenangriff schwer. Für viele Alzeyer galt er von da an lange Zeit als „Retter der Stadt". Es machte die Runde, dass der Wartbergturm die amerikanischen Piloten in die Irre geleitet habe. Beim Angriff herrschte dichter Nebel, die Amerikaner hätten die daraus hervorragende Turmspitze für die Spitze der Nikolaikirche gehalten und so ihre Bomben dort statt über der Stadt abgeworfen. Wie man heute weiß, führte in Wirklichkeit ein Navigationsfehler dazu, dass die US-Luftwaffe ihre Sprengbomben im Umfeld des Wartbergturms

Nach der Zerstörung durch den Sturm im Februar 1970 blieb vom Wartbergturm jahrelang nur ein Stumpf.

Der Stumpf wurde gesichert – hier ein Foto um 1980. Aber einige Jahre später keimten Ideen zum Wiederaufbau.

abwarf, stellt indes Dr. Karneth klar. Ziel des Angriffs sei auch nicht die Stadt, sondern konkret die Eisenbahnbrücke an der Kreuznacher Straße gewesen, beziehungsweise das Viadukt „Fünf Brücken", das, wenn man es zerstört hätte, nicht wieder schnell aufzubauen gewesen wäre; der Weg zur Westfront wäre unterbrochen gewesen. Aber die Amerikaner hatten sich um ein paar Sekunden verrechnet und so traf ihr Bombenteppich den Wartberg.

Die Alzeyer auf jeden Fall wollten ihren vermeintlichen „Retter" schon bald neu erstehen lassen. 1961 wurde unter Wilhelm Bechtolsheimer, Bürgermeister von 1949 bis 1973, der Wiederaufbau schließlich abgeschlossen.

Die Bomben hatten den Turm nicht völlig zerstört, allerdings fehlte das obere Drittel und man sieht auf alten Fotos Risse und ein tiefes Loch im unteren Bereich. „Der Pfälzerwaldverein hat damals den Wiederaufbau übernommen, sie haben das Loch zugemauert und den oberen Teil rekonstruiert. Damit war der Wartbergturm wiederhergestellt", berichtet Hermann Kopp, der sich später intensiv mit dem Wartbergturm beschäftigte: „Er war handwerklich nicht perfekt." Er wurde aber erneut zum beliebten Ausflugsziel für Alt und Jung. „Wir sind im Herbst gerne dort gewesen", sagt Wolfgang Arnold. Einmal hatte er sich mit einigen Freunden oben auf die Mauer der Aussichtsplattform gesetzt – mit den Beinen nach außen. „Da oben war der beste Wind für die Drachen", erzählt er. Andere fanden das weniger lustig. „Der Weinbergschütz kam und wir wurden sogar verhaftet und mussten bei der Polizei unsere Aussage machen."

Alte Fotos zeigen, dass der Turm in sich schief wiederaufgebaut worden war. Und so war es kein Wunder, dass ein schwerer Sturm den „Retter der Stadt" 1970 erneut umlegte, allerdings gründlicher, als die Bomben es getan hatten. Es blieb für einige Jahre nur ein Stumpf stehen.

Die Idee, den Turm abermals aufzubauen, wurde beim Stammtisch des ACV bereits 1977 laut, sie erwies sich allerdings zunächst als nicht finanzierbar. 1985 griff man den Gedanken neu auf, gleichzeitig wurde auch beim Altstadtverein darüber nachgedacht, berichtet Kopp. Schließlich beschloss der ACV-Vorstand: „Wir machen das!" Er trat mit der Idee an Walter Zuber, Bürgermeister von 1982 bis 1990, heran, der sofort hellauf begeistert war. Nach Rücksprache mit dem Altstadtverein stand fest: Der ACV übernimmt die Patenschaft für den Wiederaufbau, der diesmal allerdings deutlich professioneller vonstatten gehen sollte als der

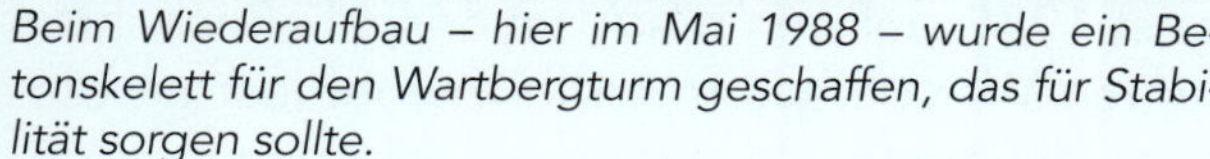

Beim Wiederaufbau – hier im Mai 1988 – wurde ein Betonskelett für den Wartbergturm geschaffen, das für Stabilität sorgen sollte.

Am 2. Juli 1988 war die offizielle Grundsteinlegung.

letzte. Der Stadtrat stimmte zu, die Verantwortlichen holten Kostenvoranschläge ein: Das Projekt sollte rund 580 000 D-Mark kosten. Von nun an rührte der ACV ein Jahr lang die Werbetrommel und suchte Unterstützer und Sponsoren. „Wir haben überall vorgesprochen, bei Banken, bei Firmen, bei Vereinen, bei Institutionen – alles, was Rang und Namen hatte, wurde um Hilfe gebeten und auch die Zeitung hat uns tatkräftig unterstützt", berichtet Kopp. Es wurden rund 200 Patenschaften verkauft, jeder Pate – Einzelpersonen wie Vereine – zahlte fünf Jahre lang einen festen Betrag ein. Ganz Alzey machte sich das Ziel des Wiederaufbaus zu eigen, es gab Autoaufkleber, T-Shirts, Teller, Gold- und Silbermünzen sowie Postkarten und Poststempel mit dem Motiv des Wartbergturms. Kleine Wartbergturm-Spardosen aus Keramik standen in Geschäften, Banken und Gaststätten für Spenden bereit. Mit großen Veranstaltungen und Konzerten eröffnete der ACV weitere Geldquellen und erwirtschaftete insgesamt rund 350 000 D-Mark. Nach einem Jahr stand die Finanzierung.

Gerhard Schiebener, Chef des Rheinischen Eisenhandels, machte die erste Zusage zur nicht rein pekuniären Unterstützung. „Alles, was an Eisen in dem Stahlbeton verbaut wurde, stiftete das Unternehmen, insgesamt Material im Wert von rund 10 000 D-Mark", sagt der ehemalige ACV-Chef. Auch die Maurer-, Schreiner-, Schlosser-, Zimmerer- und Dachdeckerarbeiten sowie die Herstellung der Wetterfahne waren für den ACV kostenlos. Kurt Neumann, damals Erster Beigeordneter und Mitglied im Rheinland-Pfälzischen Landtag, hatte auch bei

Im Sommer 1989 wurde kurz vor der Einweihung das Kegeldach aufgesetzt.

der Landesregierung einen ordentlichen Zuschuss von 250 000 D-Mark erreicht.
Während der Erdarbeiten, die der Erstellung des Fundaments vorausgingen, suchten die Beteiligten nach den angeblichen Gängen, fanden aber nichts. Bei der Grundsteinlegung am 2. Juli 1988 wurde eine Kartusche mit Urkunde, Münzen der aktuellen Währung und Zeitzeugnissen eingemauert. Die Firma Faber errichtete zunächst einen Betonturm.

Polnische Handwerker, die Erfahrung im Umgang mit Bruchstein hatten, sollten die Betonröhre mit Bruchstein verblenden. Die Vorbereitungen leistete der ACV in Eigenarbeit: Die Mitglieder sammelten überall Bruchsteine, wo es was zu holen gab, und lagerten sie auf einem von der Stadt auf dem Wartberg eingezäunten Gelände. „Wir sind im weiten Umkreis überall hingefahren, wo alte Scheunen oder andere Gebäude abgerissen wurden und haben Material geholt", erinnert sich Hermann Kopp. Zwei Jahre lang trafen sich jedes Wochenende zehn bis 15 Leute auf dem Platz, säuberten Steine und bearbeiteten sie so, dass sie als Blendsteine verbaut werden konnten. Das Ganze hatte natürlich auch einen geselligen Charakter, berichtet Kopp. Nach der Arbeit habe man immer noch bei Weck, Worscht und Woi zusammengesessen und erzählt. Schließlich konnten die Polen ihre Arbeit machen, der Turm nahm sein heutiges Aussehen an.
Auf Wunsch des Landeskonservators krönt die seit 1902 unter Denkmalschutz stehende Warte wieder ein Kegeldach, so wie es auf einer Karte aus dem 17. Jahrhundert zu sehen ist
Mit einem dreitägigen Fest vom 25. bis 27. August 1989 weihten die Alzeyer schließlich ihren neuen Wartbergturm ein. Obwohl just an diesem Wochenende die lange Schönwetterperiode durch unbeständiges, stürmisches Wetter unterbrochen wurde, kamen viele Menschen. Bürgermeister Walter Zuber durchschnitt am 26. August das Band zur Eröffnung. „Es war ein richtiges kleines Volksfest", beschreibt Kopp die Stimmung. Mehrere gastronomische Betriebe unter Leitung des Spitzenkochs Heinrich Wesp vom Hotel Krause boten Leckereien, aber auch Bratwurst und Pommes fehlten nicht. Zum bunten Abend am Samstag reisten auch befreundete Vereine von weither an, so ein Gesangverein aus Köln und ein bekanntes Jugendorchester aus Belgien.
Für den Turm hatte der ACV extra schöne und teure Türen anfertigen lassen. „Eigentlich sollte er aus Sicherheitsgründen geschlossen sein und wer hinauf wollte, hätte sich den Schlüssel bei der Stadtverwaltung holen können", erinnert sich Kopp. Die Türen waren aber schnell

Walter Zuber durchschnitt am 26. August 1989 zur Turmeinweihung das Band, beobachtet von Weinkönigin Ulrike Endlich (heute Nierstheimer) und dem ACV-Vorsitzenden Hermann Kopp.

Die 10-jährige Nina Steinmetz mit dem Fahrrad auf dem Weg zum Festzelt. Das dreitägige Fest dauerte vom 25. bis 27. August 1989.

demoliert und so ist der Turm bis heute offen und für jedermann zugänglich. Auch die Umgebung wurde oft Ziel von Vandalismus, oft häuften sich Scherben, Müll und sogar verfeuerte Bänke im Turm und auf dem Gelände. Die Beleuchtung wurde mehrfach demoliert, die Stadt ließ schließlich fast zerstörungssichere Lampen im Boden verankern.

Der ACV hatte am Turm einen Grillplatz angelegt, Bäume gepflanzt, im Gebäude gibt es alle für Feste nötigen Anschlüsse für Wasser und Strom. Bis zur Jahrtausendwende feierten die Mitglieder dort die Winteraustreibung, aber schließlich kamen immer weniger Teilnehmer. Der Wartberg verlor seine Bedeutung als Veranstaltungsort, der städtische Bauhof sorgt aber mittlerweile für einen möglichst gepflegten Zustand.

Heute ist der gut 28 Meter hohe Turm für viele Alzeyer vor allem ein beliebtes Ausflugsziel, zumal wenn sie Fremden ihre Stadt zeigen wollen, denn die Aussicht ist prächtig. Er ist ein Wahrzeichen, das auch von den Autobahnen weithin sichtbar ist. Und, so Kopp: „Wenn ein Alzeyer von einer Reise zurückkommt und sieht den Wartbergturm, weiß er: Jetzt bin ich zu Hause."

Der Wartbergturm in den 1990er Jahren. Erst nach und nach wuchs das Gelände in seiner heutigen Form ein.

Der Fischmarkt Anfang des 20. Jahrhunderts. Im Zentrum: das alte Rathaus.

Ein Treppenhaus wie ein Adelshof

Das alte Rathaus steht seit Jahrhunderten im Zentrum des Fischmarktes und war früher umgeben von vielen Gastwirtschaften

Der Fischmarkt hat eine jahrhundertealte Tradition. Ab dem Mittelalter lässt sich der Fischverkauf hier nachweisen, 1639 wurden die Altrheinfischer erneut zum Verkauf dort angewiesen. Zahlreiche amtliche Ermahnungen belegen, dass diese ihrer Verpflichtung offenbar nur unzureichend und unwillig nachkamen.
Beherrscht wird der Fischmarkt vom alten Rathaus an der Südseite. Es gilt als eines der ältesten Gebäude der Stadt, ein dreigeschossiger Renaissancebau, der im Jahr 1586 errichtet wurde. Zum Bau wurden die Steine des ehemaligen Zisterzienserinnenklosters Weidas bei Dautenheim genutzt, das 1556 im Zuge der Reformation aufgegeben worden war. Eine Inschrift am Turmportal gibt Auskunft über die Grundsteinlegung: „Mit Gott errichtet wurde dieses Gebäude im Jahre des Heils 1586 und der Grundstein wurde am 12. März gelegt durch den Bürgermeister Jakob Koch und seine Gehilfen Wilhelm Heintz, David Gutrich und Nikolaus Balstarius."
Der Treppenturm macht das Gebäude heute zu einem architektonischen Juwel, waren solche Treppentürme zu jener Zeit in Rheinhessen sonst nur bei Adelshöfen üblich. Er signalisiert die damalige Bedeutung der Stadt: Alzey war Nebenresidenz und Sitz des bedeutendsten Oberamtes innerhalb der Kurpfalz, wie Friedrich Karl Becker schreibt. 1986 wurde anlässlich des 400-jährigen Geburtstags des alten Rathauses im Turm das Glockenspiel mit 23 Glocken und einer Figur des „Volker von Alzey" eingeweiht – ein Geschenk des Altstadtvereins.

Das alte Rathaus – hier wohl in den 1940er Jahren – hat sich über die Jahrhunderte äußerlich kaum verändert.

Zu Zeiten der Nationalsozialisten wehte am alten Rathaus die Hakenkreuzfahne.

Der Alzeyer Kirchenmaler Rudolf Müller fasste die 1,20 Meter große Figur aus Lindenholz farbig. Sechsmal am Tag öffnet sich seitdem eine zweiflügelige Tür hoch oben im Turm und es erscheint die musizierende Symbolfigur der Volkerstadt. Das Repertoire ist groß – vom Alser Lied bis zum Beatles-Song. Rund 80 Sekunden lang erklingen die unterschiedlichsten, oft der Jahreszeit angepassten Melodien. Gefeiert wurde das Rathaus-Jubiläum gemeinsam mit der Einweihung der Fußgängerzone Spießgasse. „Die Innenstadt wurde zum großen Fest- und Rummelplatz", heißt es in der AZ am 18. August 1986. Die zunächst mechanische Steuerung des Glockenspiels wurde 2005 durch eine digitale ersetzt.

Unter dem Turm befand sich der Haupteingang zum damaligen Rathaus. Wenn man die Treppe hochging, lag links der Ratssaal, den man durch zwei Türen betreten konnte. Er erstreckte sich über die ganze Länge der Gebäudehälfte links vom Treppenturm und hatte Fenster gen Fischmarkt. „In dem Saal stand ein ellipsenförmiger Tisch mit einer Freifläche in der Mitte, er war für 25 Ratsmitglieder ausgelegt", erinnert sich Adolf Filter (Jahrgang 1933), der von 1968 bis 1996 Büroleiter in der Stadtverwaltung war. Später wurde die Zahl der Sitze auf 31 erhöht. „Das wurde schon ein bisschen eng", sagt er. Rechts des Flurs mit Blick nach Süden waren Büros, darunter auch das Dienstzimmer des Bürgermeisters mit dem Vorzimmer. Zum Fischmarkt hin lagen zudem die Räume des Hauptamtes.

In den 1960er Jahren erstürmten die Narren alljährlich am Fastnachtssamstag das Rathaus und übernahmen symbolisch die Macht.

Auch durch einen Konfettiregen ließen sich die Fastnachter nicht von ihrer Mission abhalten.

Weitere Büros befanden sich im zweiten Obergeschoss, wo es zudem einen kleineren Sitzungssaal für zehn bis zwölf Personen gab. Dieser wurde zudem als Trauzimmer genutzt. „Ich habe dort 1968 meine erste Ehe geschlossen, ich erinnere mich an den engen, etwas dusteren Treppenturm und die dunkle Holzvertäfelung im Trauzimmer", sagt Doris Seibel-Tauscher (Jahrgang 1948), die ehemalige Vorsitzende des Altstadtvereins.
„Auch die Kämmerei war in diesem Stockwerk", weiß Filter. Unter dem Dach saß die Telefonzentrale. Auch sonst gab es da noch einige Technik, unter anderem die Adressiermaschine – kurz Adrema. „Damit wurden die immer wieder benötigten Anschriften auf Bleiplatten geprägt, um etwa Briefumschläge bedrucken zu können", erläutert Filter. Später stand dort auch das erste Kopiergerät der Verwaltung. „Im Rathaus haben wir immer wieder Prominenz empfangen, zu Wahlkampfzeiten etwa Bundespolitiker wie Willy Brandt und Johannes Rau oder auch bei Partnerschaftsbegegnungen die Vertreter der jeweiligen Gemeinden."
Das Gästebuch ist voller prominenter Namen.
„Ein besonderes Ereignis war alljährlich die Erstürmung des Rathauses", erzählt Wolfgang Dörrhöfer (Jahrgang 1941), ehemaliger städtischer Beigeordneter. Zu Zeiten von Bürgermeister Wilhelm Bechtolsheimer kam bis Mitte der 1970er Jahre am Fastnachtssamstag die Feuerwehr und die Leiter wurde ausgefahren. Über sie gelangten die Narren durch ein Fenster in den Ratssaal, setzten symbolisch den

Bürgermeister und den Stadtrat fest, ließen sich den Rathausschlüssel aushändigen und übernahmen für die Fastnachtstage die Macht. „Wir haben sie dann runtergeschafft, in einen speziell angefertigten Drahtkäfig gesetzt und durch die Stadt gefahren", sagt Fastnachter Hermann Kopp (Jahrgang 1939).

Links am alten Rathaus gibt es einen weiteren kleineren Eingang. Dort hatte in den 1950er Jahren die Polizei ihr Quartier. „Hinter dem Büro gab es eine Gefängniszelle, die vor allem als Ausnüchterungszelle genutzt wurde", sagt Dörrhöfer. „Da war ich im Alter von sechs, sieben Jahren einmal eingesperrt. Wir Buben haben ja immer irgendetwas angestellt, in diesem Fall auf dem Stadthallenplatz." Der damalige Polizeichef Karl Lohmann, ein echtes Unikum, wollte daraufhin den Jungen wohl eine Lehre erteilen und sie etwas einschüchtern und steckte sie in die Zelle. „Dann kam meine Oma und hat Krach geschlagen und uns Jungen wieder befreit. Wir waren wohl zwei, drei Stunden eingesperrt." Später, als die Polizei um 1960 herum ins Burggrafiat zog, war links am Rathaus im Erdgeschoss das Einwohnermeldeamt. Die Stadtverwaltung wuchs kontinuierlich, der Platz im alten Rathaus reichte schon lange nicht mehr aus. „Als ich 1954 bei der Stadt anfing, waren bereits Stadtbauamt, Stadtkasse und Sozialamt im Burggrafiat untergebracht", sagt Filter. Weitere Bereiche der Stadtverwaltung wurden später in die Hellgasse 20, wo heute die Arbeiterwohlfahrt ist, ausgelagert.

Adolf Filter arbeitete als Büroleiter damals daran, die Stadtverwaltung wieder an einem Ort zu vereinen. „Ziel war, die Verwaltung, die in drei verschiedenen Gebäuden über die Stadt verteilt war, zu konzentrieren", sagt Filter. Und so zogen um 1990 herum alle Abteilungen gemeinsam in die Ernst-Ludwig-Straße. Nach dem Abriss der Löwenschule 1983 war die neue Kreisverwaltung gebaut worden, die Stadtverwaltung übernahm das leer gewordene Gebäude und gestaltete es nach ihren Bedürfnissen um.

Da die Kreisverwaltung bald wieder Platzbedarf hatte, zog das Jugendamt in die leerstehenden Büros des alten Rathauses ein und nutzte sie über viele Jahre. Im Erdgeschoss wurde ein Jugendtreff eingerichtet, bis schließlich die Kreisverwaltung erweitert wurde.

Das Deutsche Haus mit Café/Restaurant Anfang der 1940er Jahre.

Seit 2007 hat die Stadt das frei gewordene Rathaus an die evangelische Kirche vermietet, seitdem hat das Evangelische Dekanat Alzey – seit 2020 Dekanat Alzey-Wöllstein – dort seinen Sitz. Während der Corona-Pandemie war in dem alten Gebäude auch eine Teststation.

Das alte Rathaus hat heute die Postadresse Fischmarkt 3. Die Nummerierung der Häuser wurde allerdings dort – wie auch in der Spießgasse und am Obermarkt – 1906 geändert. Fischmarkt 1 westlich des Rathauses ist

Auf der Ostseite des Fischmarktes war um 1900 das Kurz-, Weiß-, Woll- und Spielwarengeschäft F. Siegel.

das einstige „Bornhauß“ – Brunnenhaus –, das heute als „Deutsches Haus“ bekannt ist. Im Kern stammt es aus dem Jahr 1699 und es überdacht im Nordwesten zum Teil erkerartig den Volkerbrunnen. „Mit Born ist laut einem Ratsprotokoll von 1716 der Fischmarktbrunnen gemeint“, sagt Wulf Kleinknecht (Jahrgang 1942), Ehrenvorsitzender des Altstadtvereins. 1912 brannte das Haus nieder und wurde wieder aufgebaut. Der Großvater von Ursula Berlet-Hünerfeld, der ehemaligen Vorsitzenden des Altertumsvereins, habe in dem Haus zeitweise eine Gastwirtschaft mit Außenbereich betrieben. „Das Deutsche Haus war Anlaufstelle für viele Alzeyer, die ihren Schoppen trinken wollten“, sagt Wolfgang Dörrhöfer. Die Gaststätte war zunächst im Erdgeschoss und in den 1970er Jahren ein Treffpunkt für alle. „Die Fußballer und viele andere haben sich da morgens zum Stammtisch getroffen“, erinnert er sich. Sie sei auch das Lokal der Seefahrer gewesen. „Der Alzeyer Marineverein hat im oberen Teil Erinnerungsstücke aus der Kolonialzeit aufbewahrt“, berichtet Gertrud Becker (1919 – 2018), die Tante von Gisela Kleinknecht (Jahrgang 1942). Danach kaufte das Weingut Gröhl aus Framersheim das Haus, verlegte die Gaststätte in das erste Obergeschoss und vermietete sie an wechselnde Wirte. Sie blieb auch im ersten Stock ein beliebter Treffpunkt, es war immer viel los. „Unten gab es für kurze Zeit noch mal eine Weinstube“, wissen die Kleinknechts. Viele Jahre lang befand sich dort ein Büro der Bausparkasse Wüstenrot. Danach war in dem Fachwerkhaus die Modeboutique „Helgards Laden“ untergebracht, die 2019 Meike Acker übernommen hat und dort „Meikes Moden“ verkauft.

Südlich des Deutschen Hauses, in dem Eckhaus am Durchgang zum Obermarkt, hatte einst der Friseur Dörrhöfer sein Geschäft. „Er hieß der ‚Spalter‘, so wie viele andere Alzeyer auch Spitznamen hatten“, erzählt Becker. Sein Haus, direkt links daneben, war zeitweise verputzt. „Das haben viele damals gemacht, die mehr scheinen als sein wollten“, sagt Dörrhöfer. Denn ein Haus aus Stein war teurer als ein Haus aus konstruktivem Fachwerk. Heute ist das Fachwerk wieder freigelegt. Der Elektroladen von Georg Olf am Obermarkt 12, den später Schwiegersohn Jung weiterführte, nutzte die Räume mit.

Östlich vom alten Rathaus fällt am Fischmarkt vor allem noch das Gebäude Nummer 4 auf. Der Name des Vorgängerbaus aus dem 15. Jahrhundert, „Hus zum Karpfen“, wirkte fort

In den 1950er und 1960er Jahren war das Schreibwarengeschäft W. Stöckel ein Anlaufpunkt nicht nur für Schüler und Zeitungsleser.

als „Haus zum Karpfen". Anfang des 20. Jahrhunderts war dort das Kurz-, Weiß-, Woll- und Spielwarengeschäft F. Siegel. „Zu meinen Zeiten schnitt in dem Laden der Friseur J. Gerber, Ehemann der stadtbekannten Wirtin Gretel aus der Judengasse, die Haare", sagt Gertrud Becker. Vor dem Krieg habe es im Obergeschoss das Lokal „Café Schloss" gegeben. „Der Wirt hieß Hirschhäuser und wir waren da oben immer zum Tanz", erzählt die 2018 verstorbene Ur-Alzeyerin.

„Die meisten alten Alzeyer reden aber vom Haus Stöckel", berichtet Kleinknecht. Seit 1938 war im Erdgeschoss das Schreibwarengeschäft Stöckel, das aus der Spießgasse hierher gezogen war. „Vor dem Eingang konnten die Kunden sich schon an Zeitungen und Zeitschriften bedienen und sie dann an der Ladentheke im Geschäft bezahlen. Diese Selbstbedienung war in meiner Kindheit sonst nicht üblich", erinnert sich Doris Seibel-Tauscher (Jahrgang 1948). Mancher las seine Zeitung dann schon direkt vor der Tür auf einer Bank. Auch Glückwunsch- oder Trauerkarten konnten die Kunden vor der Ladentheke aussuchen. Bei Stöckel kaufte Doris, die damals mit Nachnamen noch Müller hieß, mit ihrer Mutter ihre gesamte Schreib- und Malausrüstung für die erste Klasse: Griffelkasten, Tafel, Schwamm und Buntstifte – später kam ein Füllfederhalter. „Was mich besonders freute, war ein kleines Malheft mit Seidenpapiereinlagen als Schutz für die bemalten Seiten. Das war was ganz Besonderes, malte ich doch sonst aus Sparsamkeitsgründen nur auf die Rückseiten von nicht mehr aktuellen Kalenderblättern oder gebrauchtem Einwickelpapier", erzählt die später langjährige Kunsterzieherin und Künstlerin Doris Seibel-Tauscher. Liesel Stöckel sei eine gute Beraterin gewesen. Als das kleine Mädchen sich eine Martinslaterne basteln wollte, habe sie alle möglichen Kartons und Hefte voller glänzender bunter Transparentpapiere vor ihr ausgebreitet und gemeinsam überlegt, was passt.

„Außerdem gab es für Kinder auch immer ein kleines Geschenk, zum Beispiel ein Papierpüppchen zum Ausmalen und Ausschneiden oder ein gestanztes Papierblümchen fürs Poesiealbum."

An der Südseite des Gebäudes wiederum hatte zeitweise die Goldschmiedin Gertrude Schaffhäuser einen Kunstgewerbeladen. „Später war es das Büro der Allgemeinen Zeitung", sagt Dörrhöfer. In den 1990er Jahren kaufte dann das Ehepaar Auel das Haus. Wulf Kleinknecht erinnert sich an große Probleme, die es damals

In dem kleinen Haus mit dem Mansarddach war einst das Schokoladenhaus Heimerle. Um den Durchgang zum Roßmarkt zu verbreitern, wurde es 1957 mit den dahinterliegenden Häusern abgerissen. Das Foto entstand wenige Jahre vorher.

Jahrmarkt auf dem Fischmarkt vor dem Zweiten Weltkrieg.

1986 wurde auf dem Fischmarkt ein alter Brunnen entdeckt. Der Altstadtverein finanzierte einen Nachguss der historischen Alzeyer Glocke von 1613, die in den 1990er Jahren darüber stand. Heute ist dort der Undine-Brunnen.

bei der Sanierung gab, weil die Ständer des Fachwerks zum Teil total marode waren. 1996 eröffnete Theresia Auel in dem Gebäude ihre Goldschmiede, 2016 startete sie einen Räumungsverkauf, seit 2017 stehen die Geschäftsräume leer.

Das Haus gehört zur sogenannten Insel, die früher nur eine Durchfahrt vom Fischmarkt zum Roßmarkt bot. „In den 1950er Jahren sollte die ‚Insel' ganz abgerissen werden, um Platz für den Verkehr zu schaffen", erzählt Kleinknecht. Die Südwestseite wurde tatsächlich abgerissen. „Zur Insel gehörte auch ein kleines Haus mit Mansarddach, das Schokoladenhaus Heimerle, in dem es nur Süßwaren gab", erinnert sich Gertrud Becker. 1957 wurde das Gebäude, ebenso wie die Häuser dahinter gen Roßmarkt abgerissen. Am Roßmarkt baute der Zigarrenhändler Kurt Weick neu und schmäler, das kleine Mansardenhaus ist Geschichte. „1986 wurde beim Ausbau des Fischmarktes ein alter Brunnen entdeckt", berichtet Dörrhöfer. Er wurde reaktiviert und mit einem Gitter abgedeckt.

Ab 1990 stand darüber ein vom Altstadtverein finanzierter Nachguss der historischen Alzeyer Glocke von 1613, die heute auf dem Stadthallenplatz zu sehen ist. Denn 1996 stiftete der Altstadtverein den heutigen Brunnen, gestaltet von dem Mainzer Künstler Karlheinz Oswald, gewidmet dem weiblichen jungfräulichen Wassergeist Undine, der hoch oben auf einem stählernen Wasserstrahl zu tanzen scheint.

St. Joseph vor dem Zweiten Weltkrieg. In der nördlich anschließenden Grünanlage stand das Kriegerdenkmal mit der Germania.

Bubenstreiche im Dachgebälk

Der Kirchenplatz wurde lange dominiert von der alten Kirche St. Joseph und dem Kriegerdenkmal. Im Hof des Mädchengymnasiums war zeitweise das Winzerfest

Der Kirchenplatz erstreckt sich heute zwischen Obermarkt und Bleichstraße von Nord nach Süd und erinnert eher an eine Straße als an einen Platz. Als er um 1830 seinen Namen bekam, reichte er im Süden nur bis zur Käfiggasse. Erst als nach dem Abriss des dortigen Teils der Stadtmauer die Stadt erweitert und die Bleichstraße angelegt wurde, dehnte sich der Kirchenplatz gen Süden aus. Im Mittelalter gehörte das Terrain zum pfalzgräflichen Saalhof, über den bis 1680 die Herren von Heppenheim, genannt „vom Saal" verfügten, heißt es in dem Band Alzey-Worms der Denkmaltopographie Bundesrepublik Deutschland. Dort standen auch das Tanzhaus und die Kollektur, ein Haus, in dem die Ordensbrüder während des Almosensammelns übernachten und die gesammelten Spenden eine Zeitlang aufbewahren konnten.

An der Westseite des Kirchenplatzes standen öffentliche Gebäude. Ganz im Süden das Progymnasium für Mädchen, ein spätklassizistischer Walmdachbau von 1843, in dem sich heute – erweitert durch einen modernen Anbau – die Löwenschule befindet. Doris Seibel-Tauscher (Jahrgang 1948), später fast 30 Jahre Kunsterzieherin im Gymnasium am Römerkastell, ging dort, nachdem sie die vorge-

Zwei klassizistische Gebäude markierten das obere Ende des Kirchenplatzes. Das hintere ist das Progymnasium für Mädchen, das vordere wurde zeitweise von der Schule mitgenutzt, später vom Landratsamt. Das Foto stammt von 1961.

schriebene Aufnahmeprüfung bestanden hatte, von 1958 bis zum Frühjahr 1964 wie viele andere Alzeyerinnen zur Schule. „Im Pausenhof lag ein großer Haufen Koks, wir haben mit den Brocken rumgeschmissen und nebenbei unser Pausenbrot gegessen, mit schwarzen Händen kehrten wir in den Unterricht zurück, keiner hat sich Gedanken gemacht, ob das schädlich ist oder nicht", sagt sie. Im Schulhof waren auch die Toiletten, sie grenzten an die Kirche St. Joseph an und waren „unsäglich dreckig", so Seibel-Tauscher. Turnen wurde nur bei schönem Wetter unterrichtet, dann spielten die Schülerinnen draußen beispielsweise Volleyball oder Prellball. Es gab auch einen Bock, ein paar Seile und eine Grube zum Weitsprung. Bei schlechtem Wetter ersetzte Handarbeitsunterricht den Sport.

Aus den Klassenzimmern der Südseite der Schule spähten die Mädchen zu der Bubenschule auf der anderen Seite der Bleichstraße hinüber „In der Pause sind wir manchmal ans Fenster, haben gewunken und die haben gepfiffen, das waren ja auch unsere zukünftigen Tanzpartner", sagt Doris Seibel-Tauscher, von 2017 bis 2022 Vorsitzende des Altstadtvereins. Die Lehrer fanden das weniger lustig. Manchmal sei der eine oder andere vom Bubengymnasium rübergekommen und habe geschimpft. Dann habe es einen Eintrag ins Klassenbuch gegeben.

Manche Jungen wiederum machten sich im Winter gelegentlich einen Spaß daraus, Schneebälle gegen die Scheiben der Klassenräume in der Mädchenschule zu werfen. „Ei-

Der Schulhof des Mädchengymnasiums mit den Toilettenhäuschen an der Rückseite der alten katholischen Kirche Mitte der 1960er Jahre.

Ehemaliges Mädchengymnasium nach Abriss des Nachbargebäudes, das zum Schluss eine Dependance des Landratsamtes war.

ner unserer Lehrer ist einmal aus dem Fenster gesprungen und hat den Werfer verfolgt, aber nicht gekriegt. Aber wir wussten, wer es war."
Für die Oberstufe mussten die Mädchen auf das Bubengymnasium, bis 1964 die neue Schule mit Oberstufe für die Mädchen eröffnet wurde. Seibel-Tauscher erlebte den Umzug in das neue Römerkastell, wo es dann erstmals eine Mädchenklasse gab. „Wir haben in Waschkörben die Utensilien aus dem Physik- und dem Chemiesaal in die neuen Räume getragen, damit Lehrer sie dort einordnen konnten", erzählt sie.

Der Kirchenplatz in den 1960er Jahren mit Blick gen Süden. Rechts die Mauer der Kirche St. Joseph, auf der die Schülerinnen des Gymnasiums balancierten und von der sie am Ende runtersprangen.

Auch die Schulsekretärin fuhr vieles selbst mit ihrem VW in den Neubau. Nach dem Umzug kam in das Gebäude zunächst die Kreisbildstelle für Lehrer, später die heutige Löwenschule.
Nördlich der Schule schloss sich die alte Kirche St. Joseph an. „Wir Schülerinnen balancierten auf dem Heimweg gern auf der äußeren Kirchenmauer, die niedrig begann und für unsere Verhältnisse sehr hoch endete. Dann musste man etwa die zwei Meter hohe Mauer herunterspringen – zurück ging nicht, da drängelten schon die nachfolgenden Kinder", erzählt Seibel-Tauscher. Dieser Mauerakt galt als Mutprobe.
Im Gegensatz zur neuen Kirche war die alte von Nord nach Süd ausgerichtet. Dort stand einst das 1700 gegründete und 1802 aufgehobene Kapuzinerkloster mit der ersten Kirche. St. Joseph im klassizistischen Stil, wie viele Alzeyer die Kirche noch kennen, wurde 1836 bis 1840 erbaut, die nördlich gelegene Abbruchfläche des Klosters wurde als Grünanlage gestaltet.
An die alte Kirche erinnert sich Werner Breuder (Jahrgang 1942) noch sehr gut. Er hatte

St. Joseph in den frühen 1960er Jahren.

Schlosser gelernt und arbeitete in der Schlosserei Riehl. Als Katholik war er in der Jugendarbeit aktiv und dazu ausersehen, sich um die Glocken zu kümmern, sie regelmäßig nachzuschmieren und zu gucken, ob alles seine Ordnung hatte. So war er auch dabei, als 1960 neue Glocken eingehängt wurden. „Dabei bin ich fast zu Tode gekommen", erinnert er sich. Als die Glocke hing und er auf dem Brett, auf dem sie zuvor gestanden hatte, noch einmal ans andere Ende laufen wollte, um Werkzeug zu holen, kippte das Brett, da das Gegengewicht fehlte. „Katzenfalle nennt man das", sagt Breuder. Hätte ein Kollege ihn nicht gerade noch festgehalten und nach oben gehievt, wäre er acht Meter tief auf das Gipsgewölbe und dann wahrscheinlich noch durch dieses hindurch in den Kirchenraum gestürzt.

Besonders wichtig war für ihn und seine Altersgenossen die Jugendarbeit in St. Joseph. „Die Veranstaltungen waren die einzigen, zu denen die Eltern uns hinließen", sagt er. Sie galten als der Jugendtreff schlechthin. Im Obergeschoss des Vereinsheims neben der Kirche war Ende der 1960er, Anfang der 1970er Jahre sonntags ab 15 Uhr LSC, Lazy Sunday-Club, berichtet Walter Steinmetz (Jahrgang 1953), der einen riesigen Schatz an historischen Fotos aus Al-

Das katholische Vereinsheim mit dem Kriegerdenkmal.

zey zusammengetragen hat. Er hat sogar noch den Ausweis mit Stempel und Passbild, ausgestellt von Kaplan Johannes Kraus. Da war Disco und es wurde gespielt, was gerade „in" war. Es gab sogar einen „Türsteher", Heinz Wolfrath, der gegebenenfalls für Ordnung sorgte. Die Jugendlichen halfen daher eifrig, das Vereinsheim zu renovieren, da ihnen ein Jugendraum versprochen worden war. „Nachher durften wir nicht mehr rein, weil wir zu wild waren." Pfarrer Hans Nau führte in der Kirche ein strenges Regiment. Und es missfiel ihm gewaltig, als sich die Jugendlichen mit denen der benachbarten Nikolaikirche zur Gruppe EvKa (evangelisch/katholisch) verbündeten, berichtet Werner Breuder. Gemeinsam veranstalteten die jungen Leute Tanzabende, so genannte „Cola-Bällchen", und Sommerfeste, das allererste im Schlosshof. „Da wurden auch Ehen angebahnt, die Kinder- und Jugenderziehung wurde geprägt, einige halten bis heute Kontakt und unterstützen sich", so Breuder.
Er erinnert sich an manchen Lausbubenstreich der Messdiener, die durch die Treppentürme

Katholische Kinder gehen in den 1950er Jahren zur Erstkommunion über den Kirchenplatz.

der alten Kirche ins oben offene Dachgestühl kletterten und Steinchen auf das barocke Gipsgewölbe, das mit Drähten am Gebälk aufgehangen war, warfen, während unten etwa der Chor sang. Wenn Breuder über einen Holzsteg zu den Glocken ging, hat er so manchen Stein eingesammelt und wieder nach unten gebracht. Auch sonst waren die Messdiener nicht immer ganz bei der Sache. „Wir haben da oben Comic-Heftchen getauscht", sagt Buchhändler und Friedhofsexperte Wolfgang Arnold (Jahrgang 1956). Bisweilen lauerte ihnen der Kirchenschweizer Schult mit seiner dicken Brille und seinem roten Umhang auf und zog sie an den Ohren aus der Kirche. Auch Franz Wahner (1949 – 2023) erinnert sich an Schult, der kaum etwas sah, „nur das, was er nicht sehen sollte. Wir sind oben auf dem Speicher rum und haben da gespielt und einmal hat er uns erwischt und gesagt: ‚Und jetzt habe ich dich!' Und er holte aus und schlug dem Übeltäter auf die Backe. Das war aber keiner von uns, das war, glaube ich, der heilige St. Joseph gewesen, so eine Heiligenfigur, die man da oben in die Ecke gestellt und vergessen hatte."
Als die alte Kirche, die für die Gemeinde zu klein geworden war, abgerissen wurde, war Werner Breuder bereits zum Studium in Mainz. „Oft standen Gläubige im Gottesdienst draußen vor der Tür, wenn die Kommunion verteilt wurde", sagt Breuder. Erwin Schmitt (Jahrgang 1926), der in St. Joseph getauft wurde und dort später Messdiener war, erinnert sich auch an die Schäden, die die alte Hallenkirche hatte. „Es gab brüchige Stellen, und der Glockenturm, der auf der Kirche saß, wurde immer wackeliger. Wenn die Glocken geläutet wurden, hat er regelrecht gezittert."
Der Kirchenvorstand beschloss zunächst, das Gebäude zu renovieren. Er zog Fachleute hinzu und bald zeigte sich, dass eine Renovierung kaum machbar wäre und es besser sei, eine neue Kirche zu bauen. Architekt Adalbert Ditt aus Mainz-Gonsenheim plante die neue Kirche samt Pfarrhaus. Der letzte Gottesdienst im alten Gotteshaus fand am 12. Januar 1965 statt. Einen Monat später nahm die Firma Krabler die alten Kirchenfenster heraus, im Mai und im

Vor dem Abbruch holte der Fuhrunternehmer Heinrich Andris im Frühjahr 1965 die barocken Heiligenfiguren aus der alten Kirche und lagerte sie ein.

Im Sommer 1965 wurde St. Joseph schließlich abgerissen.

Juni wurde die alte Orgel ausgebaut, die Glocken und die Heiligenfiguren wurden abtransportiert.
Zum Abriss rückte ein Kran an und die Abrissbirne wurde immer wieder gegen die Kirche „gedonnert", bis diese stückweise zusammenfiel. Natürlich war das Grundstück weiträumig abgesperrt, aus der Ferne konnten die Alzeyer aber zugucken. Mit abgerissen wurde das angrenzende Pfarrhaus. „Der Pfarrer kam bei

Am Ostermontag 1966 wird der Grundstein für die dritte Kirche St. Joseph gelegt.

Am Sonntagmorgen gehen die Gläubigen in die neue Kirche St. Joseph (um 1970).

einer katholischen Familie unter, bis das neue Pfarrhaus an der neuen Pfarrkirche stand", sagt Erwin Schmitt.

Während der Bauzeit kam die katholische Gemeinde im Saal des Volker-Kinos der Familie Trunzer in der St.-Georgen-Straße unter. Ein kleines Harmonium ersetzte die Orgel.

Am Ostermontag, dem 19. April 1966, hielt Domdekan Ludwig Haenlein die Messe zur Grundsteinlegung für die neue Kirche auf dem festlich geschmückten Bauplatz, wo bereits das Fundament stand. In den Neubau zogen neben den Reliquien auch drei barocke Heilige aus der Vorgängerkirche ein: die heilige Maria, der heilige Johannes und der heilige Michael stehen heute in dem Südanbau, der Werktagskapelle.

Am Ostersonntag, dem 27. März 1967, kam der Mainzer Bischof Hermann Volk, der 1927 bis 1931 als Kaplan in Alzey gewirkt hatte. „Mein Papa hat immer erzählt: ‚Das war unser Handballlehrer!'", erinnert sich Franz Wahner. Nun, 1967, war der Bischof und spätere Kardinal zur Weihe der Kirche und der beiden Altäre da. Erwin Schmitt, der im Kirchenchor und in der Kolping-Familie aktiv war, wirkte an der Feier mit. „Es war sehr feierlich", sagt er. „Wir haben eine moderne, aber sehr ansprechende Kirche bekommen und sind froh, dass wir sie haben." Inzwischen wurde auch die dritte Josephskirche schon einmal renoviert. Im nördlich gelegenen und 1985 eingeweihten Kardinal-Volk-Haus, das unter anderem das Dekanatsbüro beherbergt, ist ein Fenster der alten Kirche eingebaut.

Auf dem Friedhof hingegen ist heute das von Hugo Cauer aus Bad Kreuznach entworfene Kriegerdenkmal mit der Germania zu finden, das 1893 in der Grünanlage vor der alten Kirche aufgestellt worden war und auf vielen historischen Fotos noch zu sehen ist. Es erinnerte an die deutschen Soldaten, die im Krieg gegen die Franzosen 1870/1871 kämpften. Im Zweiten Weltkrieg 1942 sollte die Germania eingeschmolzen werden, Stadtbaumeister Ernst Morneweg verhinderte dies. 1959 wurde das Denkmal auf dem Friedhof aufgestellt. Eine Initiative des Altstadtvereins 2006, es wieder in die Innenstadt zurückzuholen, scheiterte.

Den Abschluss der Westseite des Kirchenplatzes bildet bis heute der Chor der Nikolaikirche, die äußerlich unverändert ist und vor allem den Obermarkt dominiert.

An der Nordseite befindet sich ein Geschäftshaus. Bis 1960 stand dort das Möbelhaus Maier. „Mein Vater hat es dann gekauft, abgerissen und unser Kaufhaus gebaut. Das wurde 1961 eröffnet", berichtet Volker Bauer (Jahrgang 1944). Seinen Ursprung hatte das „kleine Kaufhaus" an der Ecke Spießgasse/Löwengasse, ehe es an den Kirchenplatz umzog. Für die Alzeyer blieb es das „kleine Kaufhaus". Volker

Das Kriegerdenkmal am alten Standort – heute findet man es auf dem Alzeyer Friedhof.

Bauer übernahm es vom Vater in den 1970er Jahren. Dort fanden die Alzeyer Garderobe für Damen, Herren und Kinder, Wäsche, Kurzwaren, Haushaltswaren, Spielsachen und vieles mehr. 1999 gab Bauer es ab an Peter Dari, der es noch zwei Jahre betrieb, dann wurde es dichtgemacht. Schließlich verkaufte Bauer

Bis 1960 stand an der Nordseite des Kirchenplatzes das Geschäft Möbel Maier. Dann wurde es abgerissen.

Der Kirchenplatz Mitte der 1970er Jahre zur Weihnachtszeit. „Möbel Maier" ist dem „Alzeyer Kaufhaus", von der Bevölkerung „kleines Kaufhaus" genannt, gewichen.

Fastnachtstreiben auf dem Kirchenplatz 1984.

An der Nordostecke des Kirchenplatzes befand sich Mitte der 1950er Jahre der Sanitärbetrieb Stauf.

das Gebäude, das in seinem äußeren Erscheinungsbild unverändert ist. Seitdem befindet sich dort die Orthopädie-Schuhtechnik Ludwig GmbH.

Gegenüber, an der Nordostecke des Kirchenplatzes, befand sich der Handwerksbetrieb Sanitäre Anlagen J. Stauf. Hannelore Dörrhöfer, geborene Stauf (Jahrgang 1942), verbrachte dort ihre Kindheit. „Auf dem Kirchenplatz konnte man herrlich spielen, zum Beispiel Federball, es gab kaum Verkehr", sagt sie. Und auch beim Winzerfest habe der Kirchenplatz eine wichtige Rolle gespielt. „Hier stand die Schiffschaukel", sagt sie. Daran erinnert sich auch Doris Seibel-Tauscher: „In unserem Schulhof war das erste Winzerfest nach dem Krieg. Am Eingang stand ein Mann in einem Eisbär-Kostüm und begrüßte die Gäste. An der Stadtmauer waren Stände mit Getränken und Essen aufgebaut, während der Rummelplatz auf dem Obermarkt war."

Der Kirchenplatz spielte nach dem Krieg auch beim Winzerfest eine wichtige Rolle. Unter Lichterbögen ging's in den 1950ern in den Schulhof des Mädchengymnasiums.

Weiter südlich, auf der anderen Seite der Einmündung Kirchgasse, bot das Lebensmittelgeschäft Stärk, das erste Selbstbedienungsgeschäft in Alzey überhaupt, seine Ware an. Seinen Ursprung hatte es in der Kirchgasse, wo Jakob und Margarete Stärk 1912 den Laden „F. Herrfurth Kolonialwaren" übernommen und ihn dann zwischen1924 und 1927 in Richtung Kirchenplatz ausgebaut hatten, berichtet deren Enkel Wolfgang Stärk (Jahrgang 1944). Bis dahin war zum Kirchenplatz hin ein Garten gewesen. In und unter dem Haus Kirchenplatz 3 befinden sich bis heute historische Bauteile aus dem 17. oder sogar 16. Jahrhundert: ein Renaissance-Treppenturm und zwei tonnengewölbte Kellerräume. Hier stand nun das Geschäft „Jakob Stärk Kolonialwaren".

Am Ende der 1920er Jahre steht an der Stelle eines Gartens das Geschäft J. Stärk. Auf dem Schild bezieht es sich auf den Vorbesitzer F. Herrfurth, um von dessen gutem Ruf zu profitieren. Davor: das zweite Privatauto Alzeys, der Peugeot von Fritz Stärk.

In den 1990er Jahren war das Lebensmittelgeschäft Stärk schon modernisiert. Im gegenüberliegenden Eckhaus Kirchenplatz/Kirchgasse bot nun anstelle des Sanitärbetriebs Stauf das Sanitätshaus Kaiser seine Ware an.

Das ehemalige Mädchengymnasium auf einem Foto vom Anfang der 1980er Jahre. Rechts eine Ecke des Neubaus der Sparkasse.

Wolfgang Stärks Eltern, Walter und Anni Stärk, führten später den Laden weiter, wobei der Vater zunehmend im Lager in der Albiger Straße aktiv war, von dem 18 kleine Läden in den Dörfern um Alzey beliefert wurden. Anni Stärk führte das in den 1950er/1960er Jahren zum Selbstbedienungsladen umgebaute Geschäft am Kirchenplatz und machte die Abrechnungen. Die Schüler, die zum Teil vom Bahnhof aus zu den oberhalb des Kirchenplatzes gelegenen Schulen unterwegs waren, deckten sich morgens mit Süßigkeiten und Mittagessen ein. Neben den Grundnahrungsmitteln gab es auch Besonderes: „Mein Vater, Fritz Stärk, ist mit dem Lastwagen nach Ende des Zweiten Weltkriegs regelmäßig an die Nordseeküste gefahren, um frischen Fisch zu holen", sagt Wolfgangs Cousin, Dr. Gerhard Stärk (Jahrgang 1942), der damals mit seinen Eltern und Geschwistern in dem Haus lebte. Im Laster hatte Fritz Stärk Rheinhessenwein, den er dann im Norden gegen Fisch, Kaffee und Datteln tauschte. Wenn er zurückkam, stand jeweils eine riesige Schlange vor dem Laden, und der Fisch war im Nu ausverkauft. Für die Kühltheke holten Stärks Eisblöcke aus der Eisfabrik, darauf wurde etwa der Käse gelegt. Mehrere Jahre gab es im Laden auch eine Kaffeerösterei, die man durch das Schaufenster von außen sehen konnte. Viele Alzeyer erinnern sich an den Duft von frisch geröstetem Kaffee, der durch die Stadt zog, wenn die Maschine in Betrieb war.

Wolfgang Stärk arbeitete zunächst bei Karstadt und Tengelmann in Essen und trat dann 1977 in das Geschäft ein. 2001 verpachtete er den Laden dann. Heute sind dort die Metzgerei Clauß und die Bäckerei Lüning angesiedelt. „Den Kaffeeröstapparat habe ich vor einigen Jahren dem Museum geschenkt", sagt Wolfgang Stärk.

„Meine Familie hatte das zweite Privatauto in Alzey", erinnert sich Dr. Gerhard Stärk. Zuvor hatte sich ein Alzeyer Lederwarenfabrikant eines angeschafft. Die beiden Männer hätten sich regelmäßig Rennen geliefert. Gerhard Stärk spielte in der Nachkriegszeit als Kind gegenüber zwischen den Splittern der geborstenen Fenster der Nikolaikirche. Andere Jungen sammelten am Wartberg das Pulver aus den Relikten von Fliegerangriffen. „Sie haben es in Dosen gefüllt, an unserem Tor befestigt, einen Zünder dran angebracht und das Ganze gesprengt", erzählt Gerhard Stärk. Jahrzehntelang war dort ein riesiger schwarzer Brandfleck zu sehen.

Weiter südlich auf der Ostseite des Kirchenplatzes liegt die Gaststätte „Kriegerdenkmal", die früher auch Zimmer vermietete und daher zeitweise den Spitznamen „Domhotel" hatte. Im Eckhaus Kirchenplatz/Bleichstraße war zunächst ein Teil des Gymnasiums untergebracht, nach dem Neubau des „Gymnasiums am Römerkastell" zog dort eine Dependance des Landratsamtes ein, Anfang der 1960er Jahre musste es dem Parkplatz der Sparkasse weichen.

Um 1900 präsentiert sich die Löwenschule auf einer Postkarte als prachtvoller Bau.

Im Jubiläumsjahr abgerissen

Die alte Löwenschule muss 1983 nach 100 Jahren der neuen Kreisverwaltung weichen

Als die Abrissbirne im Oktober 1983 gegen die Mauer der Löwenschule knallte, kamen Dieter Becker (Jahrgang 1943) die Tränen. „Ich stand mit Schülern am Zaun, die riesige Kugel kam immer mehr ins Schwingen und als sie das Gebäude traf, war das ein schrecklicher Moment für mich, ich werde das mein Leben lang nicht vergessen", sagt der ehemalige Rektor der Löwenschule, der zu diesem Zeitpunkt schon mit seinen Schülern in die Albert-Schweitzer-Schule umgezogen war. In der Löwenschule war er auch selbst Schüler gewesen, so wie Generationen anderer Alzeyer auch. Erst im Frühling 1983 hatte die Löwenschule ihr 100-jähriges Bestehen gefeiert, damals stand der Abriss des Gebäudes – die Stadt hatte das Grundstück an das Landratsamt verkauft, das dort seine neue Dienststelle errichten wollte – längst fest. Ehe Walter Zuber, Bürgermeister von 1982 bis 1990, die Festrede hielt, begrüßte Dieter Becker die Gäste und als er begann, über die Zukunftspläne der Löwenschule zu reden, versagte ihm die Stimme und er konnte nicht weiterreden.

Die Löwenschule war 1883 eingeweiht worden – damals noch ohne Namen. Seit 1831 waren die Schüler im Burggrafiat in der Schlossgasse zur Schule gegangen, aber die Zahl der Schüler hatte stetig zugenommen und die Enge machte einen ordentlichen Unterricht kaum noch möglich. Trotz der angespannten Finanzlage beschloss der Gemeinderat der Stadt Alzey daher einen Neubau außerhalb der Stadtmauer. Die Stadt kaufte das Gelände und unterzeichnete am 2. November 1981 einen Vertrag

Diese Postkarte vom Anfang des Jahrhunderts zeigt die Ostseite der Löwenschule.

Die Löwenschule (rechts) 1958, links daneben das damalige Landratsamt, heute Rathaus.

zur Errichtung von Schulgebäude und Turnhalle. Die Kosten übertrafen deutlich den Voranschlag. Bei der Eröffnung zogen 740 Schüler in das Haus mit zehn Sälen ein. Bereits 1905 war das Gebäude mit 863 Schülern restlos überbelegt, so dass 1911 zur „Alten Volksschule" die „Neue Volksschule" an der Nibelungenstraße hinzukam.

Damals kam es zu einer Einteilung, die heute noch gilt: Alle Kinder, die westlich der Achse Antoniterstraße, Roßmarkt und St.-Georgen-Straße wohnten, mussten fortan in der Löwenschule, alle, die östlich wohnten, in der Nibelungenschule angemeldet werden. Vielen Eltern passte das gar nicht und bis heute versuchen immer wieder einige, um beispielsweise den Freundschaften ihrer Kinder Rechnung zu tragen, ihr Kind in der anderen Schule unterzubekommen, weiß Dieter Becker.

Der Name Löwenschule ist für die alte Volksschule dann ab 1929 verbrieft. „Einen Stadtratsbeschluss zur Namensgebung gab es nie, das ist in keinem Protokoll zu finden", sagt Becker. Der Volksmund vergab die Namen offen-

Angetreten auf dem Pausenhof: Löwenschule im Dezember 1937, neben der Turnhalle.

bar danach, an welcher Straße die Schulen lagen. 1934 wurden die Heizöfen in den Räumen der Löwenschule durch eine Dampfheizung ersetzt, 1937/1938 wurde die Turnhalle renoviert, in den Schulgängen wurde elektrisches Licht installiert und die Schulleitung bekam Telefon. Als zu Beginn des Zweiten Weltkriegs die Nibelungenschule für militärische Zwecke beschlagnahmt wurde, mussten 21 Klassen in der Löwenschule unterrichtet werden. Viele Lehrer waren zum Militärdienst eingezogen, auf 100 Schüler kam ein Lehrer. Später wurde die Schule schwer beschädigt und zwei Jahre lang beschlagnahmt.

Am 15. April 1947 führte die französische Militärregierung das Gebäude wieder seinem eigentlichen Zweck zu. Der Neubeginn war schwer, das gesamte Mobiliar war zerstört oder verschwunden. Zudem beanspruchten die Franzosen Teile der Schule für sich. Es gab fortan zwei Eingänge und die Bereiche waren durch einen Zaun getrennt. Becker, von 1950 bis 1954 dort Grundschüler, staunte über die 76 Schüler hinter dem Maschendrahtzaun, die mit Pelzjäckchen und schönen Stiefeln zur Schule kamen, während die Alzeyer Kinder froh waren, wenn sie überhaupt eine Winterjacke hatten. „Ein bisschen neidisch waren wir schon", gesteht er, zumal es für die Franzosen vier Klassensäle gab, während sich die vielen Alzeyer Kinder in den übrigen sechs Sälen drängen mussten. An die Franzosenzeit erinnert sich auch der ehemalige Beigeordnete Manfred Hinkel (Jahrgang 1944): „Wir standen am Zaun des Schulhofs und schauten in die Bleichstraße, wo die Franzosen zum Appell antraten." Mehr Platz gab es in der Löwenschule für die Alzeyer erst wieder, als die Franzosen 1954/55 abzogen. Einfluss hatten die Besatzer auch auf die Schulnoten. „In meinen ersten Zeugnissen stehen, wie bei den Franzosen üblich, Punkte von 1 bis 20. 14 bis 17 beispielsweise entspricht der deutschen Note 2. Erst ab 1952 bekamen wir Noten von 1 bis 6", sagt Becker.

Aber die Alzeyer erfuhren in der Nachkriegszeit auch Unterstützung. Dazu gehörte die so genannte Hoover-Speisung ab 1947. „Wir haben Milch bekommen und während der Pause zu essen und zu trinken", sagt Becker. Mit Freude denkt er auch an die ersten Care-Pakete aus den USA. „Wir kamen in das Klassenzimmer und jeder hatte ein Päckchen, wir waren aufgeregt wie an Heiligabend", erzählt der spätere Rektor. „Da gab es nicht nur was zu essen, sondern beispielsweise auch Buntstifte. Ich sehe mich heute noch da sitzen und mich freuen."

Weniger gute Erinnerungen verbinden viele Alzeyer Schüler mit manchem Lehrer aus der Nachkriegszeit. „Fast alle hatten schon zur Nazizeit gedient und sie haben ihre Haltung nicht

Die Löwenschule 1979 vom Pausenhof aus.

von heute auf morgen abgelegt", sagt Dieter Becker. „Ein Lehrer ließ seine Schüler der Größe nach in Reih und Glied antreten wie beim Militär", ergänzt Manfred Hinkel. „Richtet euch!", hieß es dann und „Rechts um!" und „Links um!" – „Der hat mit uns Formalausbildung gemacht, so ein Quatsch", erinnert sich Hinkel.

Entsprechend waren auch die Erziehungsmethoden. Schläge mit dem Rohrstock gehörten zur Tagesordnung, selbst wenn sie den Falschen trafen. „Damals gab es noch keine Tische und Stühle für die Schüler, sondern Zweier- oder Viererbänke mit Tintenfässchen", sagt Dieter Becker. In der Löwenschule klappten die Sitze hoch, wenn man aufstand. Wenn ein Schüler etwas sagen wollte, musste er sich melden und wenn er Glück hatte, wurde er aufgerufen und musste dann aufstehen, bevor er redete. „Einmal bin ich so aufgestanden, der Sitz ging hoch, aber der Mitschüler hinter mir trat hinten drauf und rammte ihn mir in die Knie. Ich schrie auf vor Schmerz, daraufhin musste ich nach vorne und bekam drei Schläge mit dem Stöckchen auf den Hosenboden", berichtet Becker. Die Lehrer seien da ganz schnell gewesen, wenn etwas nicht so lief wie gewünscht. Es habe auch einen Lehrer gegeben, der mit einem Gummi Papierkugeln auf die Schüler schoss, etwa, wenn sie sich kurz mit ihrem Nachbarn unterhielten. „Der traf bis in die letzte Reihe", weiß Becker. Lange war es auch üblich, dass Schüler, die negativ auffielen, mit dem Gesicht zur Wand in die Ecke gestellt oder vor die Klassenzimmertür geschickt wurden. „Das war nichts Besonderes." Das Lernprinzip: Der Lehrer trug vor, die Schüler mussten wiederholen. „Aber wir haben viel gelernt, vielleicht mehr als manche Schüler heute", ist Becker überzeugt.

Einen Lehrer der Nachkriegszeit verehrten al-

Klassenzimmer in der Löwenschule mit dem Geburtsjahrgang 1952.

lerdings alle: Kurt Strupp. Jeder, der ihn hatte, war hellauf begeistert, sind sich Becker und Hinkel einig. Strupp spielte Fußball bei Rot-Weiß Alzey. „Ich bin oft im Stadion gewesen, um ihn zu sehen", sagt Becker, der den Mann in der zweiten Klasse als Klassenlehrer hatte. Hinkel hatte ihn in der ersten Klasse. „Er ist über die Lehne vom Stuhl gesprungen, das hat mich schwer beeindruckt." Wer lieb fragte, der durfte Strupp auch einmal zu Hause besuchen. „Er hatte dort tolle Dinge, unter anderem den Panzer einer großen Schildkröte." Alle waren traurig, als er Mitte der 1950er Jahre als Lehrer nach Chile ging.

Während die Schüler auf dem Pausenhof herumtobten, wenn junge Lehrer Aufsicht hatten, herrschte bei den alten strenge Disziplin. „Sie forderten, dass wir uns ruhig verhalten und erholen für den Unterricht." Von einem 1964 die ganze Stadt erschütternden Ereignis auf dem Schulhof berichtet Walter Steinmetz (Jahrgang 1953), der die alten Fotos hier zur Verfügung stellt. Ein Großcousin von ihm, Manfred Steinmetz, geboren im Dezember 1953, kam dort am 23. September 1964 ums Leben. „Während des Winzerfestes auf dem Kaisergarten-Gelände stellten die Schausteller immer ihre Wagen im Schulhof der Löwenschule ab, die Kinder sprangen drumherum. An diesem Tag setzte sich irgendwie einer der Wagen in Bewegung und eine Schraube traf Manfred so unglücklich am Kopf, dass er an den Folgen des Unfalls mit nicht einmal elf Jahren starb." Von diesem Tag an durften Wagen der Schausteller nicht mehr auf dem Schulhof parken.

Ein unschönes Kapitel für viele Löwenschulkinder waren die an die Turnhalle angebauten Toiletten. Da gab es eine geteerte Wand, gegen die die Jungen urinierten, und unten eine Rinne als Ablauf, erinnern sich Becker und Hinkel. Es stank bestialisch. „Den Geruch nach Teer haben viele heute immer noch in der Nase", sagt Becker. Einen besonderen Geruch hatte auch die ganze Schule nach den Sommerferien. Denn in dieser Zeit wurden die Holzfußböden neu geölt.

Wenn Manfred Hinkel sein altes Zeugnis von der Löwenschule anschaut, fallen ihm sofort die Namen der Fächer auf: „Singen, Zeichnen, Schönschreiben, das kennt man heute nicht mehr, alles hat heute hochtrabendere Namen. Aus Turnen wurde Leibesübungen und dann Sport. Der Erdkundeunterricht war in der Grundschule Heimatkunde. Das war eine gute Sache, wir lernten die Geschichte der eigenen Stadt kennen, dann die der Umgebung, die von Rheinhessen und schließlich die von Rheinland-Pfalz."

Klassenfoto im Schulhof, Ende der 1950er Jahre.

Von 1948 bis 1956 war die Löwenschule eine reine „Knabenschule", die Mädchen besuchten die Nibelungenschule. Einmal war die Heizung in der Löwenschule defekt, da mussten auch wir zwei oder sogar drei Monate in die Nibelungenschule und wurden im Wechsel mit den Mädels vormittags oder nachmittags unterrichtet", sagt Hinkel. Ab 1956 unterrichteten dann wieder beide Schulen – im Rahmen der Koedukation Jungen und Mädchen. Eine Turnhalle gab es zunächst allerdings nur in der Löwenschule. „Einmal die Woche sind wir da hoch marschiert", erzählt das Alzeyer Urgestein Franz Wahner (1949 – 2023), der zu dieser Zeit auf die Nibelungenschule ging. „Im Turnbeutel waren ein Turnhemdche, Turnhose und die Turnschuhe, mehr haben wir nicht gebraucht." Die Turnhalle habe immer nach Öl gerochen, weil der Boden in den Sommerferien eingeölt wurde. „Wenn man da mal hingefallen ist, hat man ausgesehen wie eine Wutz", erinnert sich Wahner. Der konservative Lehrer ließ die Jun-

Der Lehrkörper kurz vor dem Jubiläum 1983 – jeweils von links nach rechts: hintere Reihe: D. Schläger, E. Hedderich, H. Packheiser, Rektor D. Becker; mittlere Reihe: B. Hauck, M. Eroglu, D. Holetzek, J. Pönitz, M. Klippel, I. Steinacker; vordere Reihe: G. Springer, A. Bock, G. Neher, J. Mohr, B. Hühn, E. Schläger.

1983 wurden das Schulhaus und ...

... die Turnhalle abgerissen.

1984 war das Gelände bis zum Start des Baus des neuen Landratsamts ein Parkplatz.

In der zweiten Hälfte der 1980er Jahre wird die neue Kreisverwaltung gebaut – Blick von der Löwengasse, Ecke Hexenbleiche.

gen erst Runden im Kreis laufen und alle drei Strophen des Turnermarschs singen: „Turner auf zum Streite, tretet in die Bahn!" Erst nach diesem Aufwärmtraining ging der eigentliche Turnunterricht los.

1963 wurde mit der Albert-Schweitzer-Schule eine weitere Grundschule eingeweiht. Die Löwenschule wurde 1966 nach einer Schulreform eine reine Grundschule. 1970 verkaufte die Stadt Alzey das Gelände der Löwenschule an das Landratsamt. Die Grundschule, so beschloss der Stadtrat, sollte in die Albert-Schweitzer-Schule umziehen, diese wiederum in eine neue Haupt- und Realschule, die heutige Gustav-Heinemann-Schule. 1983 war es soweit. Dieter Becker, der nach seinem Studium zunächst als Lehrer an der Albert-Schweitzer-Schule begonnen hatte, war mittlerweile 1972 zum Konrektor und 1975 zum Rektor der Löwenschule bestellt worden. „Wir hätten so gerne den Namen Löwenschule mitgenommen, damit die Leute wissen, jetzt ist da die Löwenschule", sagt er mit Blick auf den Umzug in die Albert-Schweitzer-Schule. Aber nachdem diese bereits dem berühmten Arzt und Denker gewidmet war, konnte man ihr den Namen nicht wieder aberkennen.

Aus seiner Zeit als Rektor erinnert sich Becker auch an die alljährlichen Diskussionen über die Zuteilung von finanziellen Mitteln durch die Stadt. Jedes Jahr kamen die Schulleiter zur Haushaltssitzung mit Büroleiter Adolf Filter zusammen, wo jeder seinen Bedarf geltend machte. „Jedes Jahr wies Filter uns darauf hin, dass die Stadt kein Geld habe und nicht alle Wünsche erfüllen könne", erinnert sich Becker. Deshalb hätten die Schulleiter immer etwas mehr als das Unabdingbare gefordert, damit nicht die wirklich notwendigen Dinge gestrichen wurden. „Was unabdingbar war, wurde uns letztlich dann immer gewährt", sagt er. „Die Stadt hat für die Schulen alles getan, was zum Erfolg nötig war."

Von der alten Löwenschule ist heute nur eines geblieben: Das Eingangsportal, durch das jeder geht, der von der Hexenbleiche aus über die Treppe zur Stadtverwaltung hinaufsteigt. Und Becker erinnert an einen berühmten Schüler der Löwenschule: Tarkan Tevetoğlu wurde 1972 als Sohn türkischer Gastarbeiter in Alzey geboren und besuchte die Löwenschule. „Der hübsche Junge wurde unter seinem Vornamen Tarkan ein weltweit bekannter internationaler Popstar", erläutert Becker. Ob er damals schon gut sang, daran allerdings erinnert er sich nicht.

Auf dem Obermarkt gingen die Alzeyer früher gerne am Sonntag spazieren – wie auf diesem Foto von 1911. Es war der weitläufigste Platz der Stadt.

Beliebter Treffpunkt der Kinder

Obermarkt – der Platz: Bevor sich der größte Platz Alzeys zum zentralen Parkplatz der Stadt entwickelte, war er ein Ort der Geselligkeit, der Feste und der Aufmärsche

Spaziergänger, Menschen, die Schwätzchen hielten, fröhliche Kinder und Wintervergnügungen. Bevor er zum oft voll belegten Parkplatz wurde, war der Obermarkt wohl der schönste Platz Alzeys und vor allem ein sehr geselliger. Der größte der Altstadt war er allemal. Umgeben von einer doppelten Baumreihe mit Bänken und einer großen unversiegelten Freifläche lud er zum Verweilen ein. Der Obermarkt – in Stadtplänen um 1800 als „Der Obere Markt" bezeichnet – war auch für jene, die nicht dort wohnten, ein Treffpunkt – zum Plausch, zum Sonntagsspaziergang, zum Spielen und Toben. „Wir sind als Kinder auf dem Obermarkt groß geworden", erinnert sich Ludwig Lessel (Jahrgang 1931), der sich intensiv mit Alzeys Historie beschäftigt. Der Obermarkt sei in den 1930er und 1940er Jahren bis Kriegsende immer ein großer Spielplatz gewesen. „Da waren immer 30 Kinder und mehr", sagt er. Langeweile konnte gar nicht aufkommen.

Die Voraussetzungen waren ideal: Es herrschte kaum Verkehr, war der Platz damals doch nur über den Kirchenplatz oder die Augustinerstraße anzusteuern. „Wir sind Roller und Fahrrad gefahren, haben Fußball gespielt und geklickert", erzählt Lessel, der selbst in der Spießgasse wohnte, aber oft bei der Oma in der Eisenwarenhandlung Georg Brückmann am Obermarkt war. In Lessels Kindheit diente als Fußball lange ein Tennisball, den irgendein Kamerad hatte – im Krieg gab es nichts anderes.

In den frühen 1950er Jahren war der Obermarkt noch nicht versiegelt, der perfekte Spielplatz.

Das war in Kindertagen von Hartmut Dusse (Jahrgang 1947) dann schon anders. Aber der Obermarkt war immer noch ein beliebter Fußballplatz. Die großen Linden dienten als Torpfosten. „Der Depp, der im Tor stand, musste dann ständig den Ball holen", erinnert sich Dusse, dessen Vater zu dieser Zeit Pfarrer der Nikolaikirche war. Auch in seiner Kindheit in den 1950er und 1960er Jahren war „Haartscher spielen" noch angesagt, vor allem im Herbst. Es gab die Haartscher aus Glas in verschiedenen Größen – es gab Einer, Zweier und Fünfer – und zum Teil auch noch die „billigen aus Ton". Für das Spiel wurden immer neue Löcher angelegt, manchmal auch vorhandene vertieft. „Wenn da gerade eine dicke Wurzel war, musste besonders geschickt gebaut werden, auch mit Schikanen", sagt Dusse. In die Boddern – so hießen die Löcher – wurden die bunten Klicker mit dem Zeigefinger „hineingeschockt" und sammelten sich dort nach und nach. Wer alle seine Kugeln als erster dort drin hatte, durfte sich auch alle anderen nehmen. „Das schlimmste war der Bodderraub", sagt Dusse. Immer wieder kam es vor, dass einer die Haartscher klaute und damit abhaute. „Natürlich sind wir auch auf die Bäume geklettert und wir haben Räuber und Gendarm gespielt, auch mit Kindern, die anderswo wohnten, etwa im Nibelungenviertel, da gab es auch manche Rauferei", berichtet Dusse, der heute im bayerischen Neuburg an der Donau lebt, wo er lange Pfarrer war und jetzt seinen Ruhestand genießt.

Und an noch etwas erinnern sich Ludwig Lessel und Hartmut Dusse aus ihrer Kindheit: Am östlichen Ende des Geländers, das mit jeweils zwei Stangen den Platz an der Nordseite begrenzte, fehlte die untere Stange. „Da haben wir Rädchen und Überschlag gemacht", erzählt Lessel und auch für Dusse und seine Kameraden war das unten defekte Geländer noch in den folgenden Jahrzehnten ein wichtiges „Turngerät".

Im Winter ging auf der Westseite des Platzes die Schlittenbahn vom Pfarrhaus bis hinunter ins Marktgässchen. Auf dem Platz selbst schliffen Kinder und Jugendliche über das Eis. „Auch Erwachsene waren dabei, die Gesellen vom Schuhmacher Zimmermann kamen in der Mittagspause dazu", erinnert sich Lessel und Dusse beschreibt die Eisbahn seiner Kindheit so: „Und wir haben diagonal über den Platz von der Sattlerei Dörrhöfer links oben bis zum Friseursalon Friese rechts unten eine Schleif gemacht." Die sei ziemlich lang gewesen und

Im Winter machen sich die Kinder und Jugendlichen bei entsprechenden Temperaturen eine Schleif, eine Eisspur zum Schlittern. Das Bild stammt aus den 1940er Jahren.

Eine kirchliche Veranstaltung auf dem Obermarkt 1934. Auf dem Platz sind auch die Nazis mit der SA deutlich präsent.

manchmal wurde nachgeholfen, indem die Kinder Wasser daraufschütteten, das dann nachts fror.

Aber natürlich diente der Platz nicht nur dem Kinderspiel. Er war Treffpunkt für alle. „Ich kann mich erinnern, dass im Sommer die Leute am Abend dort auf den Bänken saßen und sich lautstark unterhalten haben", sagt Dusse, der vom Pfarrhaus aus alles mitkriegte. Zwei Häuser weiter an der Ecke zum Schulgässchen, wo später die „Klosterwirtschaft" war, wohnte der Eisenbahner Jakob Gläser, der mit seiner Frau nebenbei einen Getränkehandel hatte. Bei Frau Gläser konnte man Ende der 1950er Jahre kasten- und flaschenweise Getränke kaufen. „Geh du mal eriber und hol beim Gläser-Jakob ein Bier, ich geb' dir das Geld!", hörte Dusse als Schuljunge den einen oder anderen sagen. Oder: „Wenn du mir noch eine Flasche holst, erzähle ich dir noch einen Witz."

Beliebt war der Obermarkt auch für den Sonntagsspaziergang. „Der Platz war sonntags immer gut besucht von Kindern, aber auch von Erwachsenen, die dort spazierten oder auf den Bänken saßen und sich unterhielten", sagt Doris Seibel-Tauscher, 1948 als Doris Müller geboren und von 2017 bis 2022 Vorsitzende des Altstadtvereins. Auch sie hat ihre persönlichen Erinnerungen: „Für mich war der Obermarkt als Kind eine Geldquelle. Als ich noch ganz klein war, ging mein Vater sonntags vor dem Mittagessen mit mir zum Obermarkt und ich fand dauernd Fünfmarkmünzen. Diese gab ich immer meinem Vater und war ganz stolz, dass ich so viel Geld fand. Erst viel später habe ich gemerkt, dass das immer das gleiche Fünfmarkstück war." Unter der Woche war Wochenmarkt, da kamen Händler mit Kartoffeln und Gemüse vor allem aus Frankenthal und Umgebung. „An einen erinnere ich mich sehr gut, der hat singend seine Ware angepriesen: ‚Leute, kommt, es gibt Rosenkohohol!'", erzählt Hartmut Dusse.

Natürlich bot sich der Obermarkt schon immer für öffentliche Veranstaltungen und militärische Präsentationen an. Er war der Aufmarschplatz für Militärs, die Nationalsozialisten präsentierten sich hier an Feiertagen mit Arbeitsdienst, SA und Hitlerjugend", berichtet Ludwig Lessel. Aber er war auch der Ort von Volksfesten. „Da wurde Fastnacht gefeiert, das Winzerfest und der Martinimarkt", sagt Lessel. Das Winzerfest habe ursprünglich Sommermarkt geheißen, auch wenn es in der zweiten Septemberhälfte stattfand. Aus werbetechnischen Gründen sei es dann 1933 in Winzerfest umbenannt

Gefeiert wurde immer auf dem Obemarkt. Hier ein Plakat vom Martinimarkt 1926.

Während des Winzerfestes war der Obermarkt in den 1960er Jahren der Juxplatz.

worden. An der unteren Seite stand das Festzelt, auch ein Rummelplatz war schon dabei. Bis zum Zweiten Weltkrieg war der Obermarkt der Ort des Winzerfestes, später stand das Zelt dann erst im Schulhof des Lyzeums und später auf dem Kaisergarten.

Der Martinimarkt wurde in Lessels Kindheit tatsächlich um den Martinstag herum gefeiert. Da war dann die Reitschule mit Holzpferden – „damals hieß das noch nicht Karussell –, Schiffschaukel, später eine Berg- und Talbahn und die „Autobahn", ein elektrischer Autoscooter, der mit 50 Pfennig pro Fahrt für damalige Verhältnisse „richtig teuer" war. Natürlich gab es auch Bratwurst, Schaschlik und Nierenspieß, gebrannte Mandeln und andere Süßigkeiten. Das Alzeyer Urgestein Franz Wahner (1949 – 2023) erinnert sich noch, dass das Winzerfest zu Zeiten seiner Kindheit dort seine Stände hatte: „Da hat es immer gerochen nach Mandeln und nach Zucker – ich habe den Geruch heute noch in der Nase." Das Winzerfestzelt habe viele Jahre immer wieder auf dem Obermarkt gestanden.

Auch der Zirkus schlug auf dem Obermarkt sein Zelt auf. „Es wurde ein Holzzaun aufge-

Blick vom Turm der Nikolaikirche auf den Platz in den frühen 1950er Jahren. Der Zirkus Belli hat sein Zelt aufgebaut.

Die Postkutsche hält – hier 1910 – am Obermarkt. Im Hintergrund das alte Pissoir an der Westseite des Platzes.

baut, dahinter standen die Wagen, die Tiere, alles war auf dem Obermarkt", sagt Lessel. Auch Dusse erinnert sich an den Zirkus Belli, der sein Winterquartier in Alzey in der Rotentaler Straße hatte, auf dem Obermarkt. „Meine Eltern bekamen Ehrenkarten und saßen ganz vorn", sagt Dusse. Er selbst sei noch zu klein gewesen. 1954 gab der einst so erfolgreiche Alzeyer Zirkus auf.

Hartmut Dusse weiß noch von einer weiteren Attraktion zu berichten: Eine damals deutschlandweit für Aufsehen sorgende Hochseilartistengruppe – die Traber-Familie – spannte ein Seil bis hinauf zum Kirchturm der Nikolaikirche und fuhr dann mit dem Motorrad, an dem unten ein Trapez hing, hinauf. „Später wurde das wohl verboten", berichtet er. Die Artisten seien allerdings trotzdem immer wieder mal auf den Obermarkt gekommen, hätten das Seil dann allerdings zur Spitze eines Holzpfahls gespannt. „Der war wohl 30 bis 40 Meter hoch und sie sind mit Vollgas hochgefahren", so seine Erinnerung. Auch Hochseilartistik auf einem waagerecht gespannten Seil ließ die Alzeyer in der Nachkriegszeit auf dem Obermarkt staunen.

Und noch etwas ist Dusse in guter Erinnerung: In der Spießgasse 61 gab es die Pferdehandlung Greser, die auch Nutzpferde verkaufte. Wenn Jakob Greser Kunden zeigen wollte, wie stark seine Pferde waren, kam er mit den Tieren und einem Wagen zum Obermarkt, befestigte eine Eisenstange an den Hinterrädern und gab den Pferden das Kommando, loszulaufen", erläutert Dusse. Die mussten kräftig ziehen, denn die Stange bremste natürlich. „So wollte er den Kaufleuten zeigen, was seine Tiere drauf haben, das werde ich nie vergessen."

Anfang der 1950er Jahre werden zunehmend Autos auf dem Obermarkt abgestellt. Damals hatten sie noch die Kennzeichen der französischen Besatzungszone.

Vor dem Krieg gab es auf der Westseite des Obermarktes noch ein Pissoir aus Eisen. „Das war offen und öffentlich und hatte ein strengen Geruch, der bei entsprechender Windrichtung den ganzen Obermarkt erfüllte", erinnert sich Lessel an die damalige öffentliche Toilette. In der Nachkriegszeit sei das Pissoir dann abgerissen worden. Nach und nach entwickelte sich der Obermarkt zum immer stärker frequentierten Parkplatz. Von 1954 an kassierten zunächst die beiden Kriegsversehrten Hermann Andres und Willi Samsel als Parkwächter bei den Autofahrern die Parkgebühren ab. Samsels Ehefrau hatte den Obermarkt als Parkplatz von der Stadt 20 Jahre lang gepachtet. „Die beiden kannte jeder Alzeyer", sagt Franz Wahner. Willi Samsel, der, ebenso wie Andres, im Krieg einen Arm verloren hatte, war außerdem der absolute Experte, wenn jemand beim Parken seinen Schlüssel im Auto hatte liegen lassen und sich ausgesperrt hatte, erzählt Wahner: „Willi Samsel hat mit seinem einen Arm jedes Auto aufgemacht."

1955 wurde der Platz mit Basaltstein gepflastert und Anfang der 1960er Jahre wurden die ersten Parkuhren aufgestellt. An der Nordseite wurde eine öffentliche Toilettenanlage eingerichtet und der Kiosk gebaut. Das war ein beliebter Stand, der vor allem Getränke verkaufte, aber auch Zeitungen, Tabak und Süßigkeiten. „Es gab einige Alzeyer Originale, die haben den ganzen Tag da gestanden und ihr Bierchen getrunken", erinnert sich Wahner.

Heute ist nicht nur der Kiosk verschwunden. Auch von der einst großen Zahl an Bäumen ist nur wenig übrig. Der Rummelplatz zum Winzerfest ist als eine der wenigen Großveranstaltungen geblieben.

2014 wurde die Parkfläche neu gepflastert und im Frühjahr 2015 der neu gestaltete Obermarkt eingeweiht. Doch mit dem Pflaster gibt es bereits seit 2019 wieder Ärger.

Und obwohl mittlerweile samstags wieder ein kleiner Markt – in den warmen Monaten mit Winzerfrühstück – an der Nordseite zum Einkauf einlädt, hat der Obermarkt seine Funktion als Treffpunkt für Jung und Alt weitgehend verloren.

Am 26. März 1950 treffen sich motorisierte Zweirad-Fahrer anlässlich der ersten Zuverlässigkeitsfahrt des ADAC auf dem Obermarkt.

In den 1960er Jahren wird der Obermarkt endgültig zum begehrten Parkplatz.

Ab den 1950er Jahren gab es einen Kiosk auf dem Obermarkt – hier ein Foto aus den 1980er Jahren.

Die Nordseite des Obermarktes wird von der Nikolaikirche beherrscht – hier eine alte Postkarte von 1906.

Asche auf die Schlittenbahn

Obermarkt – Süd- und Westseite: Im Süden dominiert die Nikolaikirche, im Westen rodelten die Kinder und zechten die Alzeyer beim Winzerfest

Eine Kirche als Spielplatz? Ja, Hartmut Dusse (Jahrgang 1947) hat die Nikolaikirche auch so in Erinnerung behalten. Denn mit seinem zehn Jahre älteren Bruder Ulrich (1937 – 2020) und seinem jüngeren Bruder Traugott wuchs er im Pfarrhaus neben Alzeys größtem Gotteshaus auf. „Wir haben in der Kirche gespielt, sind im Dachgestühl über die Balken balanciert und haben uns mit der Wäscheleine meiner Mutter wie Bergsteiger gesichert", erzählt Hartmut Dusse und muss lachen. In der Amtgasse geboren, verbrachte er seine Kindheit am Obermarkt 20 und war mit seinen Kumpels bisweilen auch außerhalb der Gottesdienste in der evangelischen Kirche, in der sein Vater 1950 offiziell als Pfarrer eingeführt worden war, unterwegs. „Wir sind gerne mal über die Wendeltreppe, die Holz- und Eisenleitern bis ganz hoch in den Turm zu den Glocken hinaufgeklettert und noch etwas höher. Durch die kleinen Fenster haben wir dann runtergeguckt auf die Stadt."
Der Blick von dort oben fiel nicht zuletzt auf den Obermarkt, den größten Platz der Alzeyer Altstadt. Ein Platz, der von der fast die gesamte Südseite ausfüllenden Nikolaikirche dominiert wird. Die überaus stattliche dreischiffige Hallenkirche ist das größte Gotteshaus Alzeys. 1350 wurde erstmals eine Nikolaikapelle im Bereich des Obermarktes erwähnt, sie gehörte damals zum Alzeyer „Saalhof". Die Kirche samt Turm wurde im wesentlichen im 15. Jahrhundert erbaut, später mehrfach zerstört, ehe sie

Oben: 1904 bekam die Nikolaikirche ein neues, spitzes Helmdach. Das Foto für diese Postkarte wurde während der Bauphase aufgenommen.

Links: Lange Zeit zierte den Kirchturm ein Helmdach, wie es auf dieser Postkarte noch zu sehen ist.

1844 bis 1848 in der heutigen neugotischen Form unter Vorgaben des hessischen Oberbaudirektors Georg Moller errichtet wurde. 1904 erhielt sie ihren heutigen spitzen Turmhelm. 1949 wurden die gröbsten Kriegsschäden beseitigt, 1963 bis 1965 das Gotteshaus gründlich erneuert. Damals wurde ein neuer Eingang im Turmraum geschaffen. 2018 bis 2020 passte die Evangelische Kirche in Hessen und Nassau das Innere mit einer Neukonzeptionierung wieder der alten Form an.

„Als in den 1960er Jahren unter anderem der Turm repariert wurde, bauten die Handwerker einen Flaschenzug auf. „Auch mit dem haben meine Klassenkameraden und ich gespielt", erzählt Dusse und weiter: „Wer Mut hatte, hat sich in die Ketten reingehängt und wurde bis in rund 40 Meter Höhe gezogen. Die Leute haben geschimpft, aber wir hatten freien Zugang und es hat Spaß gemacht."

Natürlich hat Dusse, der später selbst Theologie in Frankfurt und Mainz studierte und heute im bayerischen Neuburg an der Donau lebt, wo er lange Pfarrer war und jetzt seinen Ruhestand genießt, in der Nikolaikirche nicht nur gespielt. „Wir haben auch damals schon von dem riesigen Turm in 50 Meter Höhe in alle vier Richtungen geblasen, an Weihnachten und an Ostern", erzählt der gebürtige Alzeyer, der im evangelischen Posaunenchor der Nikolaikirche aktiv war. Maximal sechs Turmbläser passten dort oben hin.

Ludwig Lessel (Jahrgang 1931) erinnert sich an die Nikolaikirche direkt nach dem Ende des Zweiten Weltkriegs. Zur Konfirmation 1946 gingen über 100 Konfirmanden, da Pfarrer Curt Biegler auch den Konfirmanden-Jahrgang 1945 noch einsegnen musste. Auch damals war die Kirche für die Kinder ein Treffpunkt jenseits des Gottesdienstes: „Auf der Treppe vor dem mittleren zugemauerten Eingang haben wir ‚17 und 4' gespielt, ein verbotenes Glücksspiel. Wir kamen uns ungeheuer verwegen vor", sagt Lessel, der damals in der Spießgasse wohnte und regelmäßig bei seinen Großeltern

Die Nikolaikirche im Süden des Obermarktes und direkt daneben das alte Pfarrhaus.

Am Obermarkt 21 war die Klosterschänke.

war, die das Eisenwarengeschäft Brückmann an der Nordseite des Platzes betrieben. Natürlich habe man als Kind nicht um Geld gespielt.
Rechts neben der Kirche war auch damals das Pfarrhaus. Dort lebten die Pfarrer mit ihren Familien, unter anderem in den 1920er Jahren Heinrich Becker, berichtet Lessel. „Becker hat viel über Alzey und die Geschichte geschrieben." Seit 1835 nutzte die Kirche das Gebäude als Pfarrhaus, das vermutlich 1740 als reformierte Lateinschule erbaut worden war.
Eberhard Dusse, der später auch Alzeyer Dekan war und 1976 mit 69 Jahren in den Ruhestand ging, baute 1960 das Pfarrhaus grundlegend um. „Das machte damals die Firma Wilhelm Seitz und Sohn, die in der Wormser Chaussee ihren Betrieb hatte", berichtet Sohn Hartmut Dusse. Oft ging er für die Handwerker Essen und Getränke besorgen und erlebte die Arbeiten hautnah mit. „Als mein Bruder Ulrich ab 1955 Theologie studierte, waren oft auch Fahrschüler bei uns, sie spielten im Hof Tischtennis und rauchten Pfeife. Mutter brachte Ge-

Der Obermarkt mit Nikolaikirche und altem Brunnen, von dem sich Babette Dyrauf das Wasser holte, in den 1920er Jahren.

Lange Zeit war die Westseite des Obermarktes bei ausreichend Schnee die Rodelstrecke der kleinen Kinder – hier ein Foto aus den 1950er Jahren.

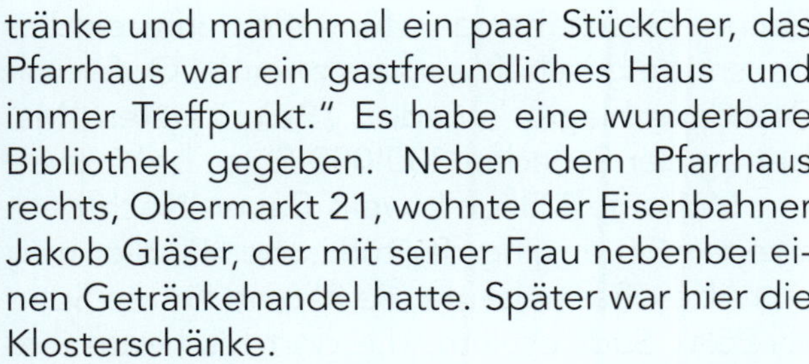

tränke und manchmal ein paar Stückcher, das Pfarrhaus war ein gastfreundliches Haus und immer Treffpunkt." Es habe eine wunderbare Bibliothek gegeben. Neben dem Pfarrhaus rechts, Obermarkt 21, wohnte der Eisenbahner Jakob Gläser, der mit seiner Frau nebenbei einen Getränkehandel hatte. Später war hier die Klosterschänke.

Vom Pfarrhaus aus gesehen etwas links führte die Straße entlang des Platzes hinab gen Marktgässchen. Und sobald sich eine Schneedecke über die Stadt gelegt hatte, war dieser Weg das Revier der Kinder. Während die Jugendlichen an solchen in der Mitte des 20. Jahrhunderts keineswegs seltenen Wintertagen die steile Raugrafenstraße hinunterrauschten, war der Obermarkt das Dorado der Kleinen. Getrübt wurde das Vergnügen in den 1940er und 1950er Jahren nur dann, wenn Babette Dyrauf Wasser brauchte. In ihrem Häuschen, dem dritten von oben an der Westseite, musste sie im Winter nämlich das Wasser abstellen, weil sonst die Leitungen einfroren. „Wasser holte sich Fräulein Dyrauf in dieser Zeit gegenüber am Brunnen auf dem Platz und bahnte sich den Weg über die Rodelbahn mit Asche, um sie sicher queren zu können", erzählt Ludwig Lessel. Wenn Babette Dyrauf also Asche streute, war es mit dem Rodeln für die Kinder erst einmal vorbei. Aber es gab in jenen Wintern ja Schnee

Eine Kindergartengruppe auf dem Obermarkt – im Hintergrund die Baulücke, die durch den Abriss des Gebäudes an der Ecke Obermarkt/Augustinerstraße entstand.

Das Alzeyer Kaufhaus in den späten 1970er Jahren. Heute ist dort die Sparda-Bank.

Das Haus Dieterich am Obermarkt mit Ladengeschäft und Seifensiederei.

genug, schnell war die Asche wieder von Frau Holle oder von Kinderhand überdeckt und das Schlittenvergnügen ging weiter hinunter bis kurz vor die Spießgasse. Dort wiederum streuten die Bewohner des Hauses Heimerle Asche, damit die Kinder nicht auf die befahrene Spießgasse schlitterten, eine reine Sicherheitsmaßnahme also.

Das Haus von Babette Dyrauf steht schon lange nicht mehr. Ebenso wie das links anschließende deutlich höhere Haus, in dem sich die Schneiderei Uhink befand, und daneben das Eckhaus zur Augustinerstraße mit der Spenglerei Dirigo, auch ein Ladengeschäft. Um 1970 herum kaufte die Familie Bauer das Gebäude, riss es ab und ersetzte es durch einen Neubau. „Mein Vater hatte dort zunächst eine Filiale des Alzeyer Kaufhauses, in dem er Küchenmöbel verkaufte", erinnert sich Volker Bauer (Jahrgang 1944). Später richtete dort ein türkischer Geschäftsmann für viele Jahre ein Lebensmittelgeschäft ein, das zweimal Opfer von Brandanschlägen wurde. „Beim ersten Mal betrug der Schaden 200 000 Euro, beim zweiten Mal eine Million", weiß Bauer. Nach dem zweiten Feuer ging der türkische Händler weg aus Alzey, Bauer baute die Räume für die Sparda-Bank Südwest um, die dort bis heute ihre Filiale hat.

Nach unten schloss sich an das Dyrauf-Haus das Weingut Dieterich (Hausnummer 25 und 26) an, zunächst die Scheune und dann das Backsteinhaus. Um 1869 hatten Christoph Dieterich und seine Frau Magdalena (geborene Brand) auf einem Grundstück am Obermarkt,

das Magdalena von ihrem Großvater geerbt hatte, ein geräumiges Stadthaus, das Haus Dieterich, erbaut. Ihr Sohn Martin Dieterich hatte dort im 19. Jahrhundert eine Seifensiederei mit Ladengeschäft gegründet und dann mit dem Weinbau begonnen. Er hatte eine Winzerstochter aus Hangen-Weisheim geheiratet und immer mehr Weinberge erworben. Sohn Hermann Dieterich, geboren 1898, machte zunächst eine Lehre als Bankkaufmann, besuchte dann aber die „Preußische Lehranstalt zu Geisenheim", die heutige Hochschule, und stieg in das erfolgreiche Weingut ein, berichtet Dieter Martin (Jahrgang 1940), der das Weingut als letzter der Familie bis ins Jahr 2000 betrieb.
Als Martin Dieterichs Tochter Marlene heiratete, gab es am Obermarkt noch Weinverkauf und Flaschenlager, der eigentliche Betrieb mit Kelter und riesigem Gewölbekeller lief allerdings bereits in der Römerstraße, wo der Schwiegervater ein entsprechendes Anwesen erworben hatte. Am Obermarkt war das obere Gebäude erst nach dem Zweiten Weltkrieg hinzugekommen. Hermann Dieterich hatte es 1955 von dem Notar und Rechtsanwalt Gustav Jost gekauft, abgerissen und ein Gebäude errichtet, in dem oben zwei Wohnungen waren und unten eine große Halle für Autos und Schlepper.
Diese Halle war zu Zeiten, als das Winzerfest im Kaisergarten gefeiert wurde, ein Treffpunkt der Alzeyer. Denn Dieter Martin betrieb hier ab 1970 während des Festes eine Straußwirtschaft, die sich größter Beliebtheit erfreute. Wenn das Winzerfest am Morgen öffnete, entstand innerhalb kurzer Zeit eine reger Pendelverkehr zwischen dem Festzelt und der Weinkosthalle des Weinguts Dieterich. Sechs Bierbankgarnituren, eine Theke – ein Relikt aus dem Alzeyer Kaufhaus – und eine Kühltruhe, mehr brauchte es nicht.
Bis vier Uhr morgens schenkten Dieter Martin, seine Frau Marlene, Martins Schwestern Helga Schmahl und Erika Ewald nebst deren Ehemann Udo aus. Verwandte und Freunde halfen mit, darunter Fiorenzo Brandi, der vom ersten bis zum letzten Mal dabei war. Die Großmütter Irene Dieterich und Lena Martin schmierten

Das Schild am Weingut Dieterich weist in den 1970er Jahren auf die dort zum Winzerfest eingerichtete Straußwirtschaft hin.

ununterbrochen Griebenschmalzbrote, die auf großen Platten reißenden Absatz fanden. Es gab kaum ein Durchkommen.
1973 gab es eine besondere Neuerung: Am Mittwoch vor dem Winzerfest war der Maler und Restaurator Rudolf Müller zufällig vorbeigekommen und Martin gewann ihn dafür, die Garagenwände künstlerisch zu gestalten. Schon am Abend legte er los. Er malte fünf Bilder von Gewölbekellern mit Mönchen beim Keltern, der Arbeit an den Fässern und Weinproben, die der zuvor nüchternen Garage bis heute ein besonderes Flair verleihen. „Manche Mönche haben Gesichter von damals lebenden Personen, etwa vom damaligen Papst", sagt Martin. Als die Weinkosthalle und das Festzelt des Winzerfestes in die Ostdeutsche Straße verlegt wurden, erlahmte der Publikumsverkehr. Zum Pendeln war es jetzt zu weit. Dann wurde auch noch Marlene Martin krank und so war 1994 nach knapp 25 Jahren mit der Straußwirtschaft Schluss. Auf dem Obermarkt gab es fortan noch Fahrgeschäfte. 2000 verpachtete Martin schließlich seine Weinberge, da es keinen Nachfolger gab. In das Gebäude mit der bemalten Garage zog die Caritas ein. Martins Tochter Christine wohnt mit ihrem Mann Marc Theodor Amstad heute wieder in dem alten Backsteinhaus.
Die ehemalige Zufahrt zum pfalzgräflichen Bauhof trennt das Gebäude vom unterhalb gelegenen Nachbarhaus, dessen spätbarocker Kern aus dem 18./19. Jahrhundert stammt. Anfang des 20. Jahrhunderts war dort die Bäcke-

Die Wandgemälde, mit denen Kirchenmaler Rudolf Müller 1973 die Wände der Straußwirtschaft des Weinguts Dieterich dekorierte, zeigen kelternde und zechende Mönche.

rei Stock, sagt Lessel. Später zog der Teppichhandel Brenner ein. „In der Zufahrt zum Bauhof waren in U-Form Bauhallen errichtet, in denen die Teppiche lagerten, vorne war der Ausstellungsraum", sagt Hans-Jörg Friese (Jahrgang 1967), Friseurmeister am Obermarkt. Das Lager sei zwei- bis dreimal abgebrannt. Das Haus gehörte dem Bäcker Machemer, der es 1982 abreißen lassen wollte. Einen Tag, bevor die Bagger anrückten, stellte die Behörde das Gebäude unter Denkmalschutz und rettete es so. Das Gelände übernahm die Volksbank, die dann dort lange ihren Parkplatz hatte, ehe das Geldinstitut in die Hospitalstraße zog. „Nachdem Brenner ausgezogen war, hatten wir 1974 am Obermarkt 28 den ersten Herrensalon Alzeys eingerichtet", sagt Friese. Während der Weltmeisterschaft wurden dort tagsüber die Spiele übertragen. Lange stand das Haus anschließend leer, später renovierte es ein Gau-Odernheimer, dann zog ein türkischer Fußballverein ein. Aktuell ist dort der Asia-Imbiss „Panda". Die ehemalige Korbwarenhandlung Mandel rechts daneben ist heute ein Privathaus.

Das Haus 29, in dem heute der Friseursalon Friese seine Kundschaft bedient, war in Lessels Kindheit ein Dorado für Kinder. Denn Lenchen Nies hatte dort einen Kolonialwarenhandel und verkaufte auch Süßigkeiten. „Bei der Nies-Tante konnten wir ab 1 Pfennig einkaufen. Da türmten sich Brausepulver, Lakritz, Liebesperlen bis hin zu Nappo, die aber stolze 5 Pfennig kosteten", erinnert sich der Hobby-Historiker Lessel. Ende des Krieges habe „Fräulein Nies" allerdings ihr Geschäft geschlossen. „In den 1950er Jahren nahm die vier Räume des Geschäfts dann mein Vater Hans-Günther Friese dazu, meine Eltern kauften sich den Obermarkt 29 als Hochzeitsgeschenk", berichtet Friese, der den Salon bis heute betreibt. Sein Urgroßvater, Hans-Valentin, hatte den Friseurbetrieb 1903 in der Spießgasse 39 gegründet und später die Spießgasse 31 erworben. Großvater Hans-Bernhard Friese zog zwischen 1920 und 1934 in den Obermarkt 30, Hans-Jörgs Vater Hans-Günther Friese übernahm den Betrieb 1965. „Unser erster Vorname ist immer Hans, damit die goldene Schrift auf der Tür nicht geändert werden muss", erläutert Friese. Den Durchbruch zum Haus 29 der „Nies-Tante" könne man übrigens heute noch erkennen. Das angrenzende Blumengeschäft Ewald, das damals am schmalen Marktgässchen lag und zum Obermarkt zählte, wurde jahrzehntelang von der Familie betrieben und ist heute das Blumenhaus Hübner-Südkamp.

Ein Blick ins Marktgässchen 1961, links der Friseursalon Friese. Mit dem Abbruch des Obermarkts 1 und des Hauses Heimerle verschwand diese Ansicht für immer.

Dass das Marktgässchen und damit die östlich angrenzenden Häuser verschwunden sind, ist für den Altstadtverein und viele Alzeyer eine der größten Bausünden der 1960er und 1970er Jahre. Denn an der Ecke Marktgässchen/Spießgasse wurde 1961 das aus dem Jahr 1546 stammende historisch bedeutende Haus Heimerle abgerissen, ebenso am Obermarkt das Haus Stegmaier, um eine Durchfahrt zum Obermarkt zu schaffen, der seitdem einer der zentralen Parkplätze der Stadt ist.

Die Nordostecke des Obermarkts wurde über zwei Jahrhunderte vom Haus Wolf mit seinem Arkadengang geprägt.

Haus Wolf war der Hingucker

Obermarkt – Nord- und Ostseite: Der Abriss des Barockbaus mit seinen Arkaden schmerzt viele bis heute. An der Nordseite stehen die zwölf „Handwerkerhäuser"

„Ich kann Ihnen nichts zum Obermarkt erzählen, ich bin doch gar nicht hier geboren, ich bin erst seit 1950 in Alzey", sagt Schuhmachermeister Werner Weigelt, wenn man ihn fragt, wie es hier früher so war. Koketterie oder Bescheidenheit? Tatsache ist: Kein anderer Betrieb ist so lange an Alzeys größtem Platz wie seiner. Weigelt (Jahrgang 1934) ist am Obermarkt eine Institution. In einem Alter, in dem andere bereits seit mehr als 20 Jahren ihren Ruhestand genießen, steht er noch jeden Tag in seinem Laden im Haus Obermarkt 4 und geht seinem Handwerk nach, das er über alles liebt und auch als sein Hobby betrachtet: „Ich gehe in meinem Beruf auf."

Als er das schmale Gebäude, das ganz früher mal eine Metzgerei und dann ein Privathaus war, 1960 gekauft hatte, stürzte es beim Versuch, es umzubauen, teilweise in sich zusammen. Aber so wie die vielen anderen Schicksalsschläge, die Weigelt in seinem Leben hinnehmen musste, brachte auch das den Schlesier, den es 1950 aus seiner Heimat über Bayern nach Dautenheim verschlug, nicht aus der Fassung. Er baute das Gebäude neu und im Gegensatz zu anderen Neubauten am Platz ist es kein Fremdkörper, sondern reiht sich optisch perfekt ein. „Ich bin immer gerne mit meiner Mutter in die Schuhmacherei gegangen, es roch so gut nach Leder und Leim", erzählt Doris Seibel-Tauscher (Jahrgang 1948), ehemalige Kunsterzieherin und von 2017 bis 2022 Vorsitzende des Altstadtvereins. Werner Weigelt sei ein sehr attraktiver Mann gewesen. „Einmal habe ich zu meiner Mutter gesagt, nachdem wir den Laden verlassen hatten: ‚Wenn ich groß bin werde ich ihn heiraten', Mutter hat es bei ihrem nächsten Besuch Weigelt erzählt, es war mir so unendlich peinlich."

Am 1. Januar 1951 hatte Weigelt zwei Häuser weiter links in der Nummer 2 beim Schuhmacher Simon Achenbach seine Lehre begonnen. Unter dem Nachfolger Heinrich Zimmermann, der nach dem Tod von Achenbach 1952 in der Nummer 2 seine Schusterwerkstatt hatte, machte er 1955 die Gesellenprüfung und 1959 seinen Meister – Voraussetzung für den Start in die Selbstständigkeit. „Damals gab es mit mir 14 Schuhmacher in Alzey", erinnert er sich, heute ist er als einziger übrig. Die Stammkundschaft hält ihm die Treue.

„Als die zwölf Handwerkerhäuser wurden die Gebäude an der Nordseite des Obermarkts einst bezeichnet, das geht zurück auf das Mittelalter, als es noch den pfalzgräflichen Saalhof gab", erläutert Ludwig Lessel (Jahrgang 1931), dessen Großeltern bis 1961 die Eisenwarenhandlung im Nachbarhaus von Weigelt, der Nummer 5, hatten. Zur Mitte des 20. Jahrhunderts standen in der Häuserreihe allein drei der

Die Nordseite des Obermarktes in den 1950er Jahren mit dem Laden des Schuhmachers Heinrich Zimmermann, bei dem Werner Weigelt lernte.

Teilansicht der sogenannten zwölf Handwerkerhäuser in der ersten Hälfte des 19. Jahrhunderts, links die Eisenwarenhandlung mit Schreinerbedarf der Familie Brückmann.

Der Laden von Paula Martin.

bis zum Krieg rund 50 Lebensmittelgeschäfte in Alzey. „Meine Mutter wusste genau, was sie wo am besten kaufte", erinnert sich Hobbyhistoriker Lessel. Wilhelm Stegmaier in der Nummer 1 – ab 1906 begann die Nummerierung im Uhrzeigersinn am Marktgässchen – führte auch Delikatessen. In dem Laden von Heinrich Martin, Hausnummer 3, geführt von Paula Martin, kaufte Oma Brückmann vor allem Wild, Geflügel und Fisch, bei Johann Strubel in der Nummer 8, wo sich heute die Kneipe am Obermarkt befindet, kaufte sie in jedem Fall die Butter und die Eier.

Das Haus Stegmaier mit der Nummer 1 fiel 1961 der Abrissbirne zum Opfer, ebenso wie das nördlich angrenzende Haus Heimerle aus dem Jahr 1561. Beide grenzten an das Marktgässchen und mussten weichen, um eine Durchfahrt zum Obermarkt als zentralem Parkplatz zu schaffen. Der Obermarkt 2, der im Norden an das Heizungs- und Elektrogeschäft Seitner, das in der Spießgasse 27 war, grenzte, wurde ebenfalls abgerissen. Hans Seitner hatte es 1963 erworben. Er errichtete nach dem Abriss einen durchgehenden Neubau. Marita und Peter Braun eröffneten dort später den „Men's Shop", ein Geschäft für Herrenbekleidung über zwei Etagen. „Um die Jahrtausendwende war dann die Landesbausparkasse in dem Gebäude, ab 2002 ein Telekom-Shop und von 2014 bis 2018 die Sparkassenversicherung", beschreibt Friseurmeister Hans-Jörg Friese (Jahrgang 1967), der in seinem Salon nur wenige Meter entfernt an der Westseite des Obermarkts bis heute in vierter Generation die Kundschaft bedient, die Wechsel. Die Familie Sinopoli sanierte 2017 das bis in die Spießgasse reichende Anwesen mit einem Ladenlokal zum Obermarkt hin und darüber einer Penthaus-Wohnung. Zunächst zog unten das italienische Café „Dolci Gusti" ein, seit dem Frühjahr 2022 hat dort der Hospizverein „Dasein" seine Geschäftsstelle.

Der Obermarkt 3 war einst das bereits erwähnte Lebensmittelgeschäft Martin. „Wenn Paula Martin Eis für ihre Kühlung geliefert bekam, war das für uns immer spannend", erzählt Ludwig Lessel. Die Brauereien stellten das Stangeneis her und brachten es mit dem Pferdewagen den Lebensmittelhändlern, die es brauchten. Es wurde dann auf dem Obermarkt ausgeladen und in die Kühlschränke gebracht, wenn ein paar Brocken auf die Straße flogen, haben wir sie aufgehoben und aufgeleckt", erinnert sich Lessel an die 1930er Jahre.

Nachdem Schuhmacher Zimmermann aufgehört hatte, kaufte 1955 der Uhrmachermeister Nössing mit Ehefrau Magda das Haus und bot dort in den 1970er Jahren auch Schmuck an. „Er starb allerdings relativ früh in den 1980er Jahren", sagt Friese. Seitdem ist das Reisebüro Stark in den Räumen, auch wenn nicht mehr unter dem Namensgeber.

Rechts neben Weigels Schuhmacherei war im Haus Nummer 5 besagte Eisenwarenhandlung mit Schreinerbedarf der Familie Ludwig Brückmann, Lessels Großeltern. Die Großmutter, Else Brückmann, war eine sehr resolute Frau, die alles im Griff hatte. Das Haus hat bis heute noch eine Besonderheit, einen steinernen Wendeltreppenturm aus der Renaissancezeit, dessen Spitze irgendwann gekappt wurde. Später zog dort die Fahrschule Hans Stumpf ein. „Hans Stumpf ist gerne mit dem Motorrad auf dem Obermarkt gefahren – manchmal hat er dabei den Beiwagen hochgestellt, so dass er mit den Rädern in der Luft war, das war schon spektakulär", sagt Hartmut Dusse. In den 1970er Jahren übernahm dann Gerhard Dienel aus Sachsen die Fahrschule. „Er hatte eine Tochter mit langen blonden Haaren. Ihren Zopf habe ich mal in der Schule ins Tintenfässchen getaucht – da hatte ich einen Ärger", erinnert sich das Alzeyer Urgestein Franz Wahner (1949 – 2023) an das Mädchen.

Daneben standen in der Kriegs- und Nachkriegszeit mit den Nummern 6 und 7 zwei Wohnhäuser. In dem einen wohnte Adolf Freund, er war Bildhauer und Grabmaler, in dem anderen der Maurer Johann Seitz. Heute hat im Obermarkt 6 die Württembergische Versicherung ihre Niederlassung, die Nummer 7 ist weiter Privathaus.

In der Nummer 8, einst Lebensmittelgeschäft Johann Strubel und heute das Wirtshaus „Zum Obermarkt", hat in der 1960er und 1970er Jahren der Schausteller Eugen Lehmann gelebt, erinnert sich Friese: „Später war er der Bodyguard von Karl-Heinz Kipp." Lehmann betrieb mit seiner Frau Elvira die Kneipe. „Er hat immer Zigarren geraucht", weiß Franz Wahner. Karl-Heinz Kipps Bruder Ludwig Kipp und Frieses Vater, Hans-Günther Friese, haben mit Lehmann dort regelmäßig am Stammtisch in der Ecke Karten gespielt. „Und Elvira hat hinten immer Hähnchen gemacht, wenn man aus dem Wirtshaus kam, hat man immer danach gerochen", erzählt Wahner.

In den 1970er Jahren übernahm Gerhard Dienel die Fahrschule Stumpf. Links daneben Schuhmacher Weigelt.

Dieses Foto wurde im November 1970 aufgenommen. In der Häuserzeile erkennt man das Wirtshaus „Zum Obermarkt" und das Friseurgeschäft „Salon der Dame".

Der Laden der Putzmacherin Lenchen Zepp Mitte des 20. Jahrhunderts – ein Hutgeschäft.

Der Obermarkt um 1910 herum.

Wie die Nummer 5, so hat auch die Nummer 9 noch einen steinernen Wendeltreppenturm aus der Renaissancezeit, die Spitze des Treppenturms ist bis heute sichtbar. „Hier war einst die erste Apotheke Alzeys und später lang die einzige Kneipe am Obermarkt, die Gaststätte ‚Zum Rheingold'", berichtet Lessel. Aber schon in seiner Kindheit in den 1940er Jahren sei das alte Gebäude, dessen Kern bis ins 16. Jahrhundert zurückreicht und das durch sein über das Erdgeschoss zum Obermarkt hin hervorragendes erstes Geschoss auffällt, ein Privathaus gewesen. In Frieses Kindheit wohnte dort Magda Konieczek, die in einer Beziehung dem ganzen Platz den Rhythmus vorgab: „Keiner brauchte sich zu merken, wann die Müllabfuhr kam, wenn Magda Konieczek ihre Tonne rausstellte, wusste jeder, heute ist es soweit. Als sie gestorben ist, herrschte in dieser Beziehung erst einmal Chaos", erzählt der Friseurmeister mit einem Augenzwinkern.

Im Haus Nummer 10, das heute ebenso wie die Nummer 11 Michael Kleinknecht gehört und mit einer perfekt renovierten Fachwerk-Fassade glänzt, war in den 1920er Jahren ein Porzellangeschäft und später der Laden der Putzmacherin Lenchen Zepp, ein Hutgeschäft. Im benachbarten Haus Nummer 11 hat sie dann ihr Hutatelier eingerichtet, berichtet Lessel. Später zog in die Nummer 10 ein Friseursalon ein, gegründet von der Frau des Rennfahrers Fritz Huschke von Hanstein, sagt Friese. Lange hatte der Friseur Peter Weber mit seiner Ehefrau den Laden. Danach zogen die Zinck Friseure aus Kirchheimbolanden mit einem Damensalon ein. Im März 2022 übernahm Denise Mänz den Laden und machte sich unter dem Salonnamen „Haarkunst" selbstständig. Das letzte Haus in der Reihe schließlich, die Nummer 12, gehörte dem Spengler Adam Schaffnit, seine Witwe hatte Ende des 19., Anfang des 20. Jahrhunderts darin einen Porzellanhandel. Später zog der Elektroladen Georg Olf ein, den später Schwiegersohn Jung weiterführte. Dessen Tochter, die zuletzt die Gaststätte in der Stadthalle betrieb und 2020 in Ruhestand ging, wohnt heute wieder am Obermarkt in der Nummer 9. Im ehemaligen Elektroladen ist der Az-Computer EDV Beratung-Service.

Die Ostseite des Obermarktes wurde lange von einem besonders großen Haus geprägt: dem Haus Wolf. Das fast quadratische Gebäude aus dem Jahr 1719 hatte Barockfenster, ein Walmdach und eine Vorhalle mit Säulen und fünf Bögen. Das Obergeschoss war mit Schiefer verkleidet. „Die jüdische Familie Wolf hatte das Gebäude im 19. Jahrhundert gekauft, vorher wohnte ein Arzt darin", berichtet

Das Haus Wolf war das schönste am ganzen Obermarkt, 1955 wurde es abgerissen.

Lessel. 1877 wurde in dem Haus Marie Kaufmann-Wolf geboren, die später als Hautärztin an der Dermatologischen Klinik Berlin sehr erfolgreich war. Fritz Wolf, der letzte Bewohner der Familie, war Lederhändler und hatte ein Lager in der Spießgasse bei der Zehntscheune. In den 1930er Jahren wurde die Situation für die jüdische Familie immer schwieriger. „Fritz Wolf war ein Freund meines Großvaters Ludwig Brückmann, sie kannten sich aus dem Turnverein. Wenn er Ende der 30er Jahre in seinen Laden kam, machten sie das Licht aus, damit man nicht sah, dass sie beieinander standen", erinnert sich Lessel. Er erlebte selbst noch, wie beim Novemberpogrom 1938 die Nazis das Bettzeug aus dem Fenster des Hauses Wolf schmissen. 1939 emigrierte Fritz Wolf nach London, kam aber nach dem Krieg zurück. In den Wohnungen des Obermarkts 13 wohnten später die Familien Waldmann und Götz,

Die Arkaden des Hauses Wolf kurz vor dem Abriss des Gebäudes.

An der Stelle des Hauses Wolf entstand das Bürogebäude der Volksbank – hier ein Foto von 1960. Heute ist es das Martin-Luther-Haus.

sagt Lessel. Auch Hartmut Dusse (Jahrgang 1947), der mit seiner Familie in den 1950er und 1960er Jahren im Pfarrhaus am Obermarkt lebte, erinnert sich noch an das Wolfsche Haus: „Man konnte rundherum laufen und sich in den Arkaden immer gut verstecken."

Im Haus Wolf lag nach dem Zweiten Weltkrieg – etwas versteckt – auch der Ursprung des Kipp-Imperiums. Bereits zuvor hatte August Kipp „Am Berg", wo auch der spätere Massa-Gründer Karl-Heinz Kipp geboren wurde, einen Landhandel. Unter den Nationalsozialisten musste er das Geschäft allerdings einstellen, berichtet Buchhändler Wolfgang Arnold (Jahrgang 1956), der sich intensiv mit der Familiengeschichte der Kipps befasst hat. Die politische Einstellung der Kipps, Frau Kipp war Jüdin, brachte es indes mit sich, dass sie nach dem Zweiten Weltkrieg als eine der ersten in Alzey wieder eröffnen durften, eine Entnazifizierung war nicht nötig. Im Haus Wolf hatte der Betrieb „August Kipp und Söhne" Büro und Lager. „Nach dem Krieg kamen die Kipps gleich wieder gut ins Geschäft, sie bekamen Aufträge von den Besatzungsmächten, um die Ernährung der Bevölkerung sicherzustellen", sagt Arnold, dessen Vater Otto Arnold der erste Auszubildende der Kipps war. Die Amerikaner beschlagnahmten Kartoffelmieten in Rheinhessen und Kipp bekam den Auftrag, die Knollen abzuholen und zu verteilen. So kam der Landhandel am Obermarkt auch zum ersten LKW nach dem Krieg in Alzey. Später kooperierte Karl-Heinz Kipp mit der französischen Besatzungsmacht. Nach der einvernehmlichen Trennung vom Vater zog Karl-Heinz Kipp 1952/53 vom Obermarkt fort in die Bleichstraße, wo er einen Wäsche- und Schürzenhandel eröffnete.

1955 wurden das Haus Wolf sowie die rechts angrenzenden Privathäuser bis auf die Nummer 17 und 18 dann abgerissen. Die Volksbank baute 1955/56 hier ihre neue Niederlassung, der Durchgang zum Rathaus verschwand. Nach dem Umzug der Volksbank

Der Obermarkt 17 auf einem Foto aus den 1920er/1930er Jahren. Hier hatte Ludwig Dörrhöfer seine Sattlerei.

im Jahr 1986 in die Hospitalstraße machte die Evangelische Kirche das Gebäude zum Martin-Luther Haus.

Das nächste alte Haus, das bis heute steht, war einst „Graus Bierstübel" in der Nummer 17; die Alzeyer nannten es auch das „schmale Handtuch". Dort traf sich die Stammkundschaft zum Frühschoppen. „Vorher hatte in dem Gebäude Ludwig Dörrhöfer seine Sattlerei, die er um 1900 von der Spießgasse hierher verlegt hatte", sagt Lessel. Sohn Ludwig zog mit dem Betrieb dann in die St.-Georgen-Straße, wo seine Nachfahren heute Lederwaren verkaufen.

Im Obermarkt 17 etablierte sich fortan eine Wirtschaft, zunächst betrieben von Karl Schäfer, einem begeisterten Fußballer. Später wurde es „Graus Bierstübel". Dann übernahm Siegfried Mank mit seiner Frau Mechthilde. „Wenn sie einem das Bier hingestellt hat, hat sie immer gesagt: ‚Bitteschön! Wohlsein!'", sagt Franz Wahner. In dem schmalen Wirtshaus hatte unter anderem der Fastnachtsverein ACV einen Stammtisch. „Da ham mer scheene Dudde gerollt", erinnert sich Wahner. Auch heute ist das Haus Gaststätte – die „Kleine Kneipe". Daneben, am Obermarkt 18, war im Eckhaus zum Kirchenplatz das Damenbekleidungsgeschäft Klein – in dem Gebäude, in dem heute der Bioladen „Naturalis" ist.

Das Anfang des 20. Jahrhunderts wiederaufgebaute Schloss auf einer Luftaufnahme von 1954.

Das „fidele Gefängnis" im „Bolles"

Um das wiederaufgebaute Schloss ranken sich viele Geschichten. Spuk im Mädcheninternat und Nachkriegsstars bei Schlossfesten

Gefangene, die zeitweise in der Stadt unterwegs waren, Stars wie Hans-Joachim Kulenkampff, Vico Torriani und Conny Froboess auf der Freilichtbühne und ein Internat mit 40 Mädchen, in das junge Männer abends gerne einmal einstiegen – das Schloss hat in den vergangenen Jahrzehnten viel erlebt. Während manche Geschichten nur noch im Gedächtnis alter Alzeyer auf unterschiedliche Art hängengeblieben sind, ist eine Anekdote verbrieft: die von den als Trauben verkauften „rasierten Stachelbeeren". Professor Dr. Hans-Jörg Koch (Jahrgang 1931), von 1967 bis 1993 Direktor des Amtsgerichts, hat sie in seinem Buch „Bacchus vor Gericht" niedergeschrieben: Ein eifriger Journalist (es war, was Koch nicht schreibt, der spätere CDU-Landtagsabgeordnete Horst Geisel), der für die Deutsche Presseagentur (dpa) Informationen sammelte, traf 1953 in der Fastnachtszeit im Schloss auf den Kollegen der lokalen Zeitung im Gespräch mit dem Protokollführer beim Schöffengericht. Auf die Frage, was verhandelt werde, erfuhr er: „Weil er Stachelbeeren rasierte und sie dann als Weintrauben verkaufte, ist ein 19-jähriger Arbeiter aus Pfaffen-Schwabenheim zu zwei Monaten und zwei Wochen Gefängnis verurteilt worden." Der Journalist war begeistert und telegrafierte den nicht erkannten Fastnachtsscherz an dpa. So nahm die vermeintliche Gerichtsmeldung aus Alzey ihren Weg in die deutschen Medien und sorgte für Spott und Hohn.

Zu diesem Zeitpunkt schaute das Schloss schon auf eine viele Jahrhunderte alte Geschichte zu-

Ansicht der Schlossruine von der Raugrafenstraße aus um 1885/90.

rück. Wer den Grundstein für die anfängliche Burg legte und wann das geschah, ist letztlich nicht geklärt. Als der frühestmögliche Zeitpunkt gilt das Jahr 1125, möglicherweise war es aber auch erst knapp 100 Jahre später. Erstmals genannt wird die Anlage auf jeden Fall 1278. Als bevorzugter Aufenthaltsort der Pfalzgrafen wurde die Burg im 16. Jahrhundert zum repräsentativen Schloss ausgebaut. Genau datieren lässt sich wiederum die Zerstörung im Pfälzer Erbfolgekrieg. Im Juni 1689 sprengten die französischen Truppen von Ludwig XIV. die wesentlichen Verteidigungsanlagen, im Oktober äscherten sie dann das bis dahin weitgehend unversehrte Schloss selbst und große Teile der Stadt ein. Erhalten blieb nur eine Funktion, die die Anlage seit Jahrhunderten hatte: Ein ehemaliges Wirtschaftsgebäude an der Ostseite diente noch lange Zeit als Gefängnis.

Die Schlossruine nutzten die Alzeyer Bauherren derweil als Steinbruch, die Anlage zerfiel immer mehr. Erst mit der Epoche der Romantik geriet sie erneut in den Blickpunkt.

1880 verhandelte die Stadt Alzey mit dem Besitzer, dem hessischen Staat, über den Erwerb. Man wollte die Überbleibsel des Schlosses als hübsche romantische Anlage herrichten lassen, die auch Fremde anziehen sollte, und zugleich

Blick von der Nordmauer über den Hof, rechts die Ruine des Gefängnisturms. 1890/95.

Anfang des 20. Jahrhunderts vor dem Wiederaufbau. Blick über den Hof nach Westen.

Die Südostecke der Burgruine vom Schillerplatz aus an der Einmündung Volkerstraße.

Gruß aus Alzey – eine Postkarte mit der Ruine des Schlosses von Norden aus gesehen.

Der Wiederaufbau des Schlosses vom Schlosshof aus gesehen – hier der Nordflügel mit Eingang zum Amtsgericht.

Der Wiederaufbau – hier die Nordostecke von außen.

für den Erhalt der immer schneller verfallenden Mauerreste sorgen. Das Großherzogtum indes entschied anders: Der „geheime Oberbaurat", Professor Karl Hofmann, setzte sich erfolgreich für einen Wiederaufbau zur Unterbringung des Amtsgerichts, für das eigentlich ein Neubau geplant war, ein.

Und so wurde das Schloss 1901 bis 1903 für 300 000 Mark rekonstruiert, wenn auch nicht ganz originalgetreu. Heute ist es im Besitz des Landes Rheinland-Pfalz.

Gerade das Gefängnis, das zuvor vorübergehend im Burggrafiat untergebracht war, ist vielen Alzeyern noch in guter Erinnerung. Bis in die 1960er Jahre saßen in dem dicken runden Turm an der Südwestecke, dem „Bolles", Gefangene ein.

Nicht die großen Verbrecher, die meisten hier Eingelochten waren stadtbekannt und mussten beispielsweise wegen Verkehrsdelikten oder Diebstahls ein paar Wochen oder Monate absitzen.

Das wiederaufgebaute Schloss in den 1920er/1930er Jahren.

Der „Bolles" war lange Zeit der Gefängnisturm – hier eine Aufnahme von vor dem Zweiten Weltkrieg.

„Wenn ich morgens auf meinem Weg von der Gartenstraße zur Schule dort vorbeigekommen bin, schauten sie manchmal durch die vergitterten Fenster, das war sehr aufregend", erzählt Doris Seibel-Tauscher (Jahrgang 1948), die ehemalige Vorsitzende des Altstadtvereins. Und sie berichtet auch, dass sie einmal einige in schwarz gestreifter Sträflingskleidung mit Kappe gesehen habe, die in die Gärtnerei gegenüber zur Arbeit gebracht wurden. „Mit dicken Ketten", wie sie betont. Während manche Alzeyer letzteres eher für Jungmädchen-Phantasien halten, sind sich viele aber darin einig: Die Gefangenen saßen nicht immer nur in ihren Zellen, sondern waren durchaus auch mal in der Stadt zu sehen, was der Einrichtung den Beinamen „fideles Gefängnis" einbrachte. „Das war vor meiner Zeit, aber den Begriff habe ich immer wieder mal gehört", erinnert sich Professor Dr. Hans-Jörg Koch. Ende der 1960er Jahre wurde das Gefängnis geschlossen. „Dann war dort das Vormundschaftsgericht", sagt Koch. Heute werden in den alten Gefängniszellen Akten von Vormundschafts- und Nachlassgericht gelagert.

Der Justizwachtmeister, der zuletzt für die Gefangenen zuständig war, hieß Emil Tauderat. Seiner Funktion entsprechend wohnte er zunächst auch im dicken Turm, wo es eine Wohnung über zwei Etagen gab. Gegenüber im Schlosshof hielt er ein paar Hühner. Später, Anfang der 1960er Jahre, baute er dann in der Rodensteiner Straße mit dem Kriminalbeamten Philipp Haas zusammen ein Doppelhaus. „Ende der 1950er Jahre gab es im Alzeyer Gefängnis schon so eine Art offenen Strafvollzug, wer sich gut benommen hat, durfte mal die Ehefrau für ein paar Stunden in der Zelle empfangen", weiß Volker Haas, der Sohn, aus Erzählungen seines Vaters Philipp Haas. Der

Das Schloss mit dem „Bolles" in den 1950er Jahren.

eine oder andere Gefangene habe auch mal raus gedurft und etwa Tauderat beim Hausbau oder bei Gartenarbeiten helfen dürfen. Wegen der laxen Handhabung des Strafvollzugs sei, soweit Volker Haas sich an die Worte seines Vaters erinnert, wohl auch mal ein Disziplinar- oder Strafverfahren eingeleitet worden. Alzey habe es, laut Museumsdirektor Dr. Rainer Karneth, damit nicht nur in die Lokalpresse, sondern auch in die Bild-Zeitung geschafft. Der Artikel indes ist nicht archiviert.

Nachdem das eigentliche Gefängnis Ende der 1960er Jahre geschlossen worden war, gab es immer noch den Jugendarrest, berichtet Hans Gerd Ludemann (Jahrgang 1948), Direktor des Amtsgerichts Alzey von 1999 bis 2012. Die Jugendlichen wurden allerdings nicht im Gefängnisturm untergebracht, sondern in zwei Arrestzellen neben dem Zeugenzimmer im Torturm an der Nordwestecke des Komplexes neben dem eigentlichen Amtsgerichtsgebäude. Die Zellen wurden auch für Untersuchungshäftlinge genutzt. „In den 1990er Jahren gelang es einem, durch das nur mit zwei Stangen gesicherte Fenster zu entwischen. Er muss sehr gelenkig gewesen und irgendwie am Regenrohr runtergeklettert sein, denn das Fenster lag hoch oben im Turm", erinnert sich Ludemann,

In der Regel zwei, aber auch bis zu vier Wochenenden verbüßten Jugendliche in den Räumen ihre Strafe. Sie kamen Freitagabend zum Arrest und durften Sonntagabend wieder nach Hause. Körperverletzung, Einbruchsdiebstähle oder wiederholtes Schwarzfahren waren typische Delikte, für die sie büßen mussten, häufig waren es Wiederholungstäter, die trotz Ermahnung und Verwarnung wieder straffällig wurden, sagt Ludemann.

Beaufsichtigt wurden sie ab Ende der 1960er Jahre vom Justizwachtmeister Helmut Seelinger, der in dem kleinen Haus an der Westseite des Schlosshofs lebte. Und sie brauchten Betreuung, denn mancher fand es unheimlich nachts in den alten Gemäuern. Tagsüber bekamen sie kleine Aufgaben, mussten etwa den Hof fegen, Unkraut zwischen Steinen entfernen oder auch mal beim Umräumen im Schloss helfen, erläutert Ludemann. Dafür wurden sie von Frau Seelinger bekocht. Und es gab ein Jugendrichtergespräch über das, was sie „da reingebracht" hatte. Später beaufsichtigte Justizhauptwachtmeister Wolfgang Kennel den Jugendarrest, schließlich wurde er nach Worms verlegt.

Während im Nordtrakt mit dem Amtsgericht viele Menschen freiwillig oder unfreiwillig ein- und ausgehen, ist das gegenüberliegende Gebäude an der Südseite eine abgeschlossene Welt. Bis 1936 war dort das Alzeyer Finanzamt, das Anfang September 1936 in das neue Gebäude Ecke Nibelungen-/Römerstraße umzog. Bis 1945 hatte in dem Trakt dann vermutlich

Am 20. Oktober 1947 zogen die ersten Schülerinnen des Aufbaugymnasiums in das Internat im Schloss ein.

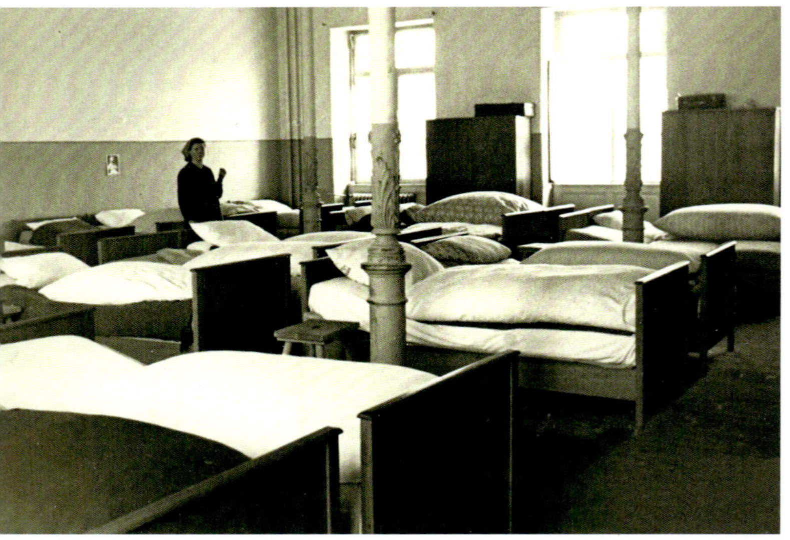

Ein Schlafsaal im Internat in den 1960er Jahren.

die Deutsche Arbeitsfront ihr Domizil. „Zumindest ist im Adressbuch des Jahres 1938 das Schloss als Adresse dieser NS-Organisation angegeben", sagt Museumsdirektor Dr. Rainer Karneth. Anschließend wurde es Internat. Am 20. Oktober 1947 zogen die ersten Internatsschülerinnen des Aufbaugymnasiums ein. Sie fanden gähnend leere Räume vor, erinnert sich Heimleiterin Gertrud Voelckel (1926 – 2017) in einem Aufsatz an die Anfänge. Aus Brettern und Matratzen bauten Eltern Betten zusammen, Geschirr und Vorräte waren von daheim mitgebracht, nach Wochen trafen Schränke ein, kamen die ersten beiden Öfen, um auch Waschwasser zu erwärmen. „Wir waren arm an Besitz und Geld, aber reich an Gemeinschaftssinn", so ihre Bilanz.

Während es in den 1960er Jahren Schlafsäle gab, wohnen die Mädchen heute in Doppel- oder Dreierzimmern, nur für die Schülerinnen höherer Klassen gibt es Einzelzimmer, berichtet Germaine Hütz (Jahrgang 1965), die als eine von drei pädagogischen Fachkräften die rund 40 Internatsschülerinnen betreut.

Nach dem Krieg kamen sie vor allem aus dem weiteren Umkreis von Alzey, die tägliche Anfahrt wäre eine kleine Weltreise gewesen. Später waren viele Spätaussiedlerkinder im Internat, die zwar in der Heimat Abitur gemacht hatten, zum Teil aber kaum Deutsch sprachen und zweijährige Anerkennungskurse absolvierten, um die deutsche Hochschulreife zu bekommen. Seit 2010 in Alzey das Landeskunstgymnasium eröffnete, kommen Schüler zum Teil aus ganz Deutschland in das Internat. Verändert hat sich das Leben dort nicht nur dadurch, sondern vor allem durch die Technologisierung und die sozialen Medien. „Früher war die Gemeinschaft hier groß", sagt Hütz, die sich in der Rolle der Ersatzmutter sieht. Es wurde zusammen gekocht und es wurden Gesellschaftsspiele gespielt und Filme geschaut. Bis Mitte der 1990er Jahre gab es auch alljährlich ein Fest im Schloss, teils als Themenfest mit Verkleidung. Theater- und Musik-AG führten Stücke auf, neben Schülern kamen auch Externe, um zuzuschauen. Wo 40 Mädchen die Woche über zusammen leben, gibt es natür-

Metzger Walter – Spitzname „die Knack" beim Schlossfest 1952 mit seiner „Knack's Worschtbude".

lich auch manche Anekdote. „Es gibt nichts, was ich nicht gesehen, gehört, gerochen oder aufgewischt habe in den vergangenen 30 Jahren", sagt Germaine Hütz.

„Früher konnten die Schülerinnen, wenn sie volljährig waren, zum Lernen vor den schriftlichen Abiturprüfungen am Wochenende ohne Aufsicht im Internat bleiben. „Einmal habe ich mitbekommen, wie da getuschelt und eine Einkaufsliste für einen Filmabend geschrieben wurde", erzählt Hütz. Am Abend kehrte sie heimlich mit einer Kette aus der heimischen Scheune durch den Hintereingang ins Internat zurück, ließ diese im Gang hinter dem Wohnzimmer rasseln und machte unheimliche Geräusche. „Die Mädchen liefen schreiend aus dem Raum, ließen alles stehen, auch die Weinflaschen, die sie gerade verbotenerweise am Leeren waren, anstatt zu lernen."

Ein Haus voller junger Mädchen zog natürlich auch gleichaltrige Jungen an. „Es hatte was von Rapunzel, oben standen die Mädchen am Fenster, es erklang leise Gitarrenmusik und wir wollten dorthin", beschreibt Buchhändler Wolfgang Arnold (Jahrgang 1956) die Situation. Für die wagemutigen unter den Jungen war es eine Herausforderung, am Efeu hochzuklettern und ins Fenster zu steigen, wo dann mehrere Mädchen und Buben auf den Betten saßen, Gitarre spielten und schwätzten. Gefährlich wurde es, wenn Stubendurchgang war, also die Zimmer kontrolliert wurden. „Wenn man da nicht schnell genug verschwunden war, nahmen die Aufseherinnen die Personalien auf und man musste sich beim Amtsgericht melden", erinnert sich Arnold. Ihn selbst habe es mehrfach erwischt, nicht nur, als er einmal beim Hochklettern herunterfiel, weil das Efeu nicht hielt, woran sich auch Hütz erinnert. „Ich habe damals in der Nähe des Krankenhauses gewohnt und musste dort am Samstagnachmittag nach der Schule die Straße kehren." Da habe jeder gewusst, dass er wieder etwas ausgefressen hatte. Irgendwann wurde das Efeu an der Mauer entfernt und mit dem Klettern war es vorbei.

Unter dem Mädcheninternat gibt es übrigens einen Keller, der in den 1970er Jahren für Weinproben und Kulturveranstaltungen genutzt wurde, sagt der ehemalige Beigeordnete Manfred Hinkel (Jahrgang 1944). Heute befindet sich dort das Atelier des Landeskunstgymnasiums.

Während Arnolds Besuche im Mädcheninternat unerlaubt waren, kam er in den 1960er Jahren ganz legal in den „Bolles", denn den großen Raum ganz oben nutzte damals der Aero-Club. Dort baute Arnold mit anderen Flugzeugmodelle. „Das war praktisch, man konnte die Flieger gleich ausprobieren, indem man sie aus dem Fenster fliegen ließ", sagt er. Was die Jugendlichen allerdings nicht durften, war, in die Gefangenenzellen schauen. Und das reizte umso mehr. „Wir sind an die Türen ge-

Blick auf das Schloss von Norden Ende der1950er Jahre.

gangen, haben die Klappen aufgeschoben und die Häftlinge beobachtet. Die haben tatsächlich Tüten geklebt", so Arnolds Erinnerung.

Während zum Amtsgericht, zum Internat und zum Gefängnisturm nur bestimmte Personen Zugang hatten, war der Schlosshof für jedermann zugänglich. Und seine besondere Atmosphäre lud schon bald nach dem Zweiten Weltkrieg auch zu Veranstaltungen ein.

Zu den Schlossfesten Ende Juni/Anfang Juli kamen von 1950 bis 1957 bekannte Schlagerstars und Künstler der damaligen Zeit. Bereits beim ersten Schlossfest 1950 gab es indes einen kleinen Eklat: Die Mainzer Hofsänger machten sich über die französische Besatzung lustig und wurden anschließend prompt aus der Stadt gewiesen. Später traten unter anderen 1953 Cornelia Froboess, Rita Paul, Lonny Kellner,

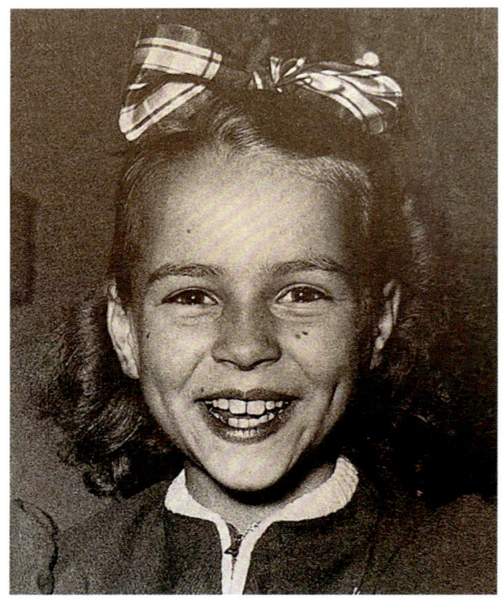

Cornelia (Conny) Froboess und Vico Torriani gehörten zu den Stars, die in den 1950er Jahren bei den alljährlichen Schlossfesten auftraten.

René Carol und Hans-Joachim Kulenkampff auf, 1955 war Vico Torriani der Stargast, 1956 kamen Bully Buhlan, Gitta Lind und Willy Hagara und 1957 Kulenkampff, Maria Mucke und Gerhard Wendland. Im Mai 1958 beschloss der Verkehrsverein, aus finanziellen Gründen auf das Schlossfest zu verzichten. Danach war die Zeit der großen Namen vorbei. Gelegentlich gab es unter anderem Serenadenkonzerte. „In meiner Jugend traten dann die lokalen Kultbands wie Family und Pearl auf", erinnert sich Wolfgang Arnold.

Anfang der 1990er Jahre wurde das Schloss renoviert. 1997 startete die Stadt dann mit dem Festival DaCapo – zunächst auf dem Roßmarkt. Ab 2000 traten die internationalen Künstler dann wieder erstmals im Schlosshof auf mit Comedy, Rock, Pop, Folklore und Klassik, darunter Georges Moustaki, Vaya con Dios, BAP, Helge Schneider, Sasha, Sunrise Avenue, Revolverheld, Lisa Fitz, Glasperlenspiel, Midge Ure, Anastacia, The Gipsy Kings und Joris.

Anfangs war DaCapo übrigens immer am Wochenende vor dem Schulstart nach den Sommerferien – bis eines Tages eine Schülerin am Sonntagabend ihr Zimmer mit Blick auf den Schlosshof bezog. Müde von der Anreise, störte sie die klassische Klangkulisse und sie ließ ohne langes Nachdenken „mit Grandezza ihren Rollladen runter", erinnert sich Germaine Hütz – mitten in einer leisen Stelle eines Vivaldi-Stücks. Das wiederum sorgte für Unmut bei den Konzertbesuchern und dem Organisationsteam und führte dazu, dass DaCapo seitdem eine Woche früher stattfindet, damit sich Internat und Veranstaltung nicht gegenseitig stören.

Die Außenrenovierung des Schlosses 1993.

Im südlichen Trakt des Schlosses befindet sich bis heute das Internat – hier eine Aufnahme von 1996, als der Hof noch als Parkplatz diente.

Zu den Stars, die bei DaCapo im Schlosshof auftraten, gehörte 2007 der französische Chansonnier Georges Moustaki.

Cafe-Restaurant
„Zur Erholung"
(früher Casino)
Alzey / Rheinhessen

Eine Postkarte von 1955 zeigt das Café und Restaurant „Zur Erholung". Einst war es das Casino, in dem die „Haute Volaute" von Alzey verkehrte, später verkaufte Kipp hier Wäsche.

Die Wiege des Kipp-Imperiums

Die Friedrichstraße ist nicht nur mit dem Namen des Massa-Gründers verbunden, hier wurde auch die Schriftstellerin Elisabeth Langgässer geboren

Es sind zwei Namen, die die Friedrichstraße zu etwas Besonderem machen: Karl-Heinz Kipp und Elisabeth Langgässer. Milliardär und Massa-Gründer Kipp startete hier seine berufliche Erfolgsgeschichte, die rheinhessische Schriftstellerin Langgässer wurde quasi im Haus nebenan einige Jahrzehnte zuvor geboren. Die Autorin zog mit ihren Eltern bereits 1909 als Zehnjährige nach Darmstadt. Kipp lebte von Ende der 1940er Jahre bis 1987 in der Friedrichstraße und hat deren Bild entscheidend verändert und geprägt.

Die Friedrichstraße beginnt im Zuge der Landesstraße 409 an der Spießgasse und endet an der Ernst-Ludwig- und der Pestalozzistraße. In einem Stadtplan von etwa 1800 ist diese bereits als Teil einer südlichen Stadtumgehung eingetragen, im 19. Jahrhundert wurde sie ausgebaut und nach Kurfürst Friedrich I. von der Pfalz benannt. Der Ehrenvorsitzende des Altstadtvereins, Wulf Kleinknecht (Jahrgang 1942), erinnert sich, dass es bereits in seiner Kindheit in der Friedrichstraße Warenverkehr gab. „Der ansteigende Casino-Berg war für die Pferde der Fuhrwerke eine starke Belastung", sagt er. Die Tiere zogen zum Teil schwer beladene Wagen. Unten am Eckhaus Spießgasse/Friedrichstraße hatten deshalb Anwohner ein weißes Emailschild angeschlagen mit dem Text „Schonet die Zugtiere!".

Da in den 1940er und 1950er Jahren aber noch wenig Verkehr herrschte und bei Schnee nicht

650-Jahr-Feier Alzey 1927 – der Festumzug zieht durch die Friedrichstraße hinaus. Die Häuser auf dem Foto stehen schon lange nicht mehr.

Die Friedrichstraße – hier ein Foto von 2001 – war durch ihr Gefälle für Fuhrwerke einst eine echte Herausforderung. Am rechten Bildrand: das Langgässer-Haus.

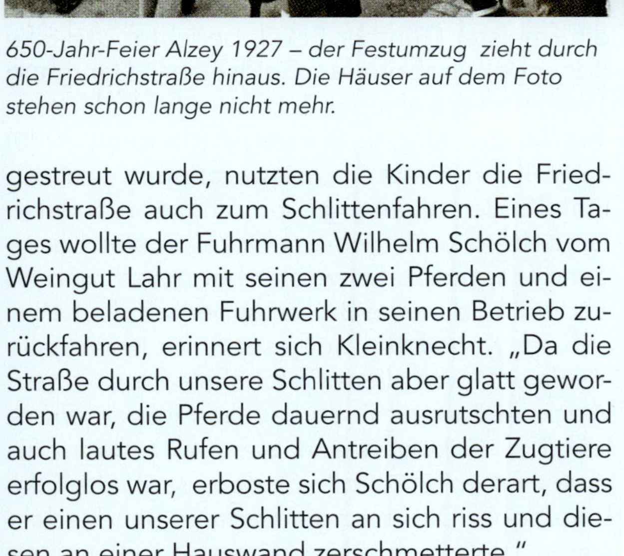

gestreut wurde, nutzten die Kinder die Friedrichstraße auch zum Schlittenfahren. Eines Tages wollte der Fuhrmann Wilhelm Schölch vom Weingut Lahr mit seinen zwei Pferden und einem beladenen Fuhrwerk in seinen Betrieb zurückfahren, erinnert sich Kleinknecht. „Da die Straße durch unsere Schlitten aber glatt geworden war, die Pferde dauernd ausrutschten und auch lautes Rufen und Antreiben der Zugtiere erfolglos war, erboste sich Schölch derart, dass er einen unserer Schlitten an sich riss und diesen an einer Hauswand zerschmetterte."

Für deutlich mehr Betrieb sollte einige Jahre später ein anderer Mann in der Friedrichstraße sorgen: Karl-Heinz Kipp, der es aus kleinen Verhältnissen bis 2015 zu fünf Milliarden US-Dollar brachte und als einer der 125 reichsten Menschen der Welt geführt wurde. Seine Karriere startete er in der Friedrichstraße 15, dem „Casino". Das repräsentative Gebäude mit großem Tanzsaal war in der zweiten Hälfte des 19. Jahrhunderts errichtet worden und diente der ehemaligen Casino-Gesellschaft als Veranstaltungsort. „Dort traf sich die, wie die Alzeyer sagen, ‚Haute Volaute', die sozial gehobene Gesellschaft der Stadt", sagt Kleinknecht. Für die Alzeyer ist die Friedrichstraße bis heute der „Casinoberg". Kleinknechts Ehefrau Gisela, eine geborene Zollitsch (Jahrgang 1942), erinnert sich an Klassenausflüge zum Theaterbesuch in dem großen Saal des Casinos, der auch eine Bühne hatte.

Vom „Casino" gibt es so gut wie keine Aufnahmen, hier eine Postkarte mit einem Foto vom Garten aus dem Jahr 1905.

Das Park-Restaurant „Zur Erholung" – hier eine Postkarte aus den frühen Jahren.

Nach dem Zweiten Weltkrieg hatten zunächst die Amerikaner das „Casino" beschlagnahmt und benutzten es für kurze Zeit als Lazarett. Dann betrieben in dem Gebäude Ernst und Betti Eckel (Jahrgang 1890 und 1894) die Gastwirtschaft „Zur Erholung". Mit dabei war in der Küche auch deren Sohn, Koch und Konditormeister Günther Eckel, berichtet Ute-Elke Bonengel geborene Geldsetzer (Jahrgang 1940) und Enkelin der Eckels.

Ihre Mutter Magda Bonengel (geboren 1910) hatte ihren Mann im Krieg verloren und zog fünf Kinder alleine groß. „Ich habe meinen Großeltern und meinem Onkel in der Küche geholfen, meine Schwester hat manchmal mit bedient und meine Brüder haben oft die Kegel auf der Kegelbahn aufgesetzt, wir waren alle involviert." Vor allem Geschäftsleute seien am Wochenende mit ihren Familien in der „Erholung" zu Gast gewesen, sie war bekannt für gutes Essen und tolle Torten, sagt Ute-Elke Bonengel. Die hausgemachten Bandnudeln waren berühmt und trockneten tagelang auf Tischen im großen Saal. Als die Großmutter starb, gab die Familie die Gastwirtschaft auf.

Von der Besitzerin, Frau Hudelmaier, kaufte Karl-Heinz Kipp 1954 das große Gebäude.

Kipp hatte 1948 von der Apothekerin der Löwenapotheke, Dr. Mathilde Sutter geb. Massa, die dringend Geld benötigte, für 50 000 Reichsmark den Handelsregistereintrag für eine Firma namens „Alfred Massa Textilgroßhandel" gekauft. Der damals 24-Jährige hatte ihn auf Anraten seines Vaters erworben, ein Handelsregistereintrag war in der französischen Besatzungszone, in der Alzey lag, nur unter hohen Auflagen zu bekommen. Mit diesem Titel hatte Kipp mit seiner Frau Hanni in der Mietwohnung in der Bleichstraße 12 einen Handel vor allem mit Unterwäsche gestartet, und das so erfolgreich, dass die Wohnung aus allen Nähten platzte, zumal 1950 noch Sohn Ernst-Ludwig und 1951 Tochter Ursula Laura geboren waren. Für 60 000 D-Mark kaufte Kipp daher das Casino-Gebäude. Dort war von da an für viele Jahre im Erdgeschoss das Geschäft und im ersten Stock die Wohnung der Kipps. Das Gebäude bot Raum zur Weiterentwicklung und zum Aufbau ganz neuer Geschäftszweige. Im ehemaligen Casino legte Kipp auch den Grundstein für die erste eigene Produktion, die „Karl-Heinz Kipp Kleiderwerke", in Alzey. Mit sieben gebrauchten Nähmaschinen startete die Schürzenproduktion. Das allerdings sorgte nach einiger Zeit schon wieder für Enge und Platzmangel in dem jungen Unternehmen. Großhandel und Schneiderei waren zu viel für das Casino-Gebäude. Als der Park des Anwesens, den bei Kipps Einzug noch die Kommandantur der französischen Besatzungsmacht okkupiert hatte, nach dem teilweisen Abzug der Franzosen für ihn nutzbar wurde, kaufte Kipp eine ehemalige Arbeitsdienstbaracke und stellte das etwa 35 mal 22 Meter große Gebäude im Park wieder auf. Von da an war hier die Schneiderei, in der die Näherinnen Schürzen, Schürzenkleider, einfache Kleider und später auch Hemden herstellten.
Viele Alzeyer erinnern sich an den Großhandel im Casino-Gebäude. „Meine Mutter hatte eine Maschinenstrickerei in der St.-Georgen-Straße, sie hat mich häufig zu ‚es Kippe' geschickt, um Reißverschlüsse oder Knöpfe zu kaufen", erzählt das Alzeyer Urgestein Franz Wahner (1949 – 2023). Der Verkauf war im großen

Das Weingut Lahr, auf dessen Gelände Kipp sein Hochhaus errichtete.

Tanzsaal des Gebäudes eingerichtet, in dem nun viele hohe Regale voller Textilien standen. Vorne gab es eine große Theke, an der man warten musste, bis ein Verkäufer oder eine Verkäuferin kam und den Kunden zu dem entsprechenden Regal führte. „Verkauft wurde nur en gros", betont Franz Wahner. Die große, an den Saal angebaute und erhöhte Bühne war fortan das Büro der Kipps. Große Glasscheiben sorgten dafür, dass sie den Verkaufsraum stets im Blick hatten.
Mitte der 1950er Jahre sorgte Kipp auf der gegenüberliegenden Seite für einschneidende Veränderungen der Friedrichstraße. Er kaufte das Gelände der Weinhandlung Lahr und errichtete dort die neue zweistöckige Näherei, die bald 100 Frauen beschäftigte und in der er später die Massa-Metzgerei unterbrachte. Kipp kannte das Gelände gut. Als er am 30. November 1944 von einem Einsatz in Norwegen nach Alzey zurückkam, fand er Arbeit beim Weingroßhändler Lahr, der ein guter Freund seines Vaters August Kipp war. Am 1. Dezember 1944 begann er als Büroangestellter bei Hannes Lahr, einem großen Hitler-Gegner, zu arbeiten. Lahr, der den ganzen Tag über dem Wein intensiv zusprach, hielt mit seiner Meinung auch nicht hinter dem Berg. Bei einem sehr feucht-fröhlichen Abend mit Honoratioren der Stadt drohte er gar, den Kreisleiter, den „Ober-Nazi" Dr. Wirth, auf seine gesamten Papiere zu setzen und alles anzuzünden. Zwei Tage später stand die Gestapo vor der Tür und

1964 errichtete Karl-Heinz Kipp in modernster Bauweise das Massa-Hochhaus.

wollte ihn verhaften. Nur durch großes Glück in Form des überraschenden Eintreffens von Lahrs Schwiegersohn, Oberstaatsanwalt Dr. Wiener, konnte er sich einer Verhaftung entziehen. Eine Situation, die auch für den Halbjuden Kipp eine große Gefahr bedeutet hätte, wie dieser in seinem Buch „Karl-Heinz Kipp, ein Optimist erzählt" berichtet.
Später war Hans Fuchs Mitinhaber und Geschäftsführer des Weinguts. Nachdem das Weingut Lahr in die Insolvenz ging, wurde das

An der Friedrichstraße baute Kipp bereits Ende der 1950er Jahre eine freie Tankstelle. Im Gebäude im Hintergrund war später der Fleischverkauf.

Gelände Basis der weiteren Expansion Kipps, der inzwischen erste Verbrauchermärkte im Saarland eröffnet hatte. Das Wohnhaus der Familie Fuchs im südwestlichen Bereich des Areals blieb allerdings noch einige Zeit stehen. „Mit dem Sohn, Jochen Fuchs, sind wir Nachbarskinder Fahrrad gefahren, haben Versteck, Tischtennis und andere Spiele gespielt", sagt Wulf Kleinknecht. Außerdem seien sie auf der hohen Grenzmauer zur Friedrichstraße hin balanciert. 1956 kaufte Magda Geldsetzer das Haus und zog mit ihrem Vater Ernst Eckel und ihren fünf Kindern 1958 ein. Ute-Elke Bonengel erinnert sich, dass von der Nährerei immer Musik herüberschallte, mit der Kipp seine Näherinnen bei Laune halten wollte, und dass später die Kühlwagen vor der Metzgerei brummten und das Hochhaus gebaut wurde. Schließlich verkaufte ihre Mutter das Haus an Kipp, die Frist, bis die Abrissbirne kam, war so kurz, dass sie nicht einmal alles ausräumen und mitnehmen konnten. Ein Streit darüber brachte Kipp mit einer Negativgeschichte auf die Titelseite der Bild-Zeitung, erinnert sich Bonengel.
Die Alzeyer staunten nur, als Kipp 1964 auf dem Lahr-Areal in einer völlig neuen Bauweise ein Hochhaus über neun Stockwerke emporziehen ließ. Zuerst wurden die Aufzugschächte in der Mitte erstellt, dann die einzelnen Stockwerksdecken am Boden gegossen und diese dann Stock für Stock nach oben geschoben. Das neue Gebäude bot 10 000 Quadratmeter Platz und kostete, obwohl in einem relativ preiswerten Verfahren erstellt, sechs Millionen D-Mark. 4000 Quadratmeter waren Verkaufsfläche für Textilien, Sportartikel, Schuhe und Lebensmittel. Bereits zuvor hatte Kipp eine freie Tankstelle am unteren Ende der Friedrichstraße errichtet, die später auf das Lahr-Gelände verlegt wurde; der Sprit war hier immer rund sechs Pfennig billiger als an den Markentankstellen. In das Textilproduktionsgebäude beim Hochhaus zog nun eine eigene Fleischerei ein. Der Buchhändler Wolfgang Arnold (Jahrgang 1956) erlebte die Anfänge des Hochhauses, als er dort als Schüler regelmäßig jobbte. Sein Vater hatte nach dem Krieg „bei es Kippe"

im Gemüsehandel am Obermarkt seine erste Lehre gemacht und war mit Kipp zeitlebens befreundet. Und so bekam Wolfgang Arnold, als er mit 14 seinen Vater Otto Arnold um Geld bat, gesagt: „Verdien dir welches!", und wurde ins Massa-Hochhaus in den Lebensmittelhandel Kipp vermittelt.

Zu Beginn der Osterferien begann er dort seinen Schülerjob und bekam als erste Aufgabe, die kleinen Einkaufswagen aus dem ersten Stock auf dem Parkplatz einzusammeln und wieder nach oben zu bringen. Als er zum Aufzug kam, stand dort eine elegant gekleidete Frau, der er kurzerhand erklärte, sie könne den Aufzug jetzt nicht benutzen, „wir brauchen oben die Einkaufswagen". Trotz deren Protests jonglierte er die Wagen in den Aufzug und wurde, kaum war er im ersten Stock angekommen, gefeuert. Er hatte ausgerechnet Hanni Kipp die Aufzugfahrt verwehrt. Eine halbe Stunde später war er zu Hause und wurde von seinem Vater direkt zu Kipp geschickt. Dieser empfing ihn mit Gattin in seiner Villa und ließ sich von beiden den Vorfall schildern. „Und warum hast du nicht gesagt, wer du bist?", fragte er seine Frau und stellte den Schüler Wolfgang Arnold direkt wieder ein.

„Ich habe dort bis zum Abitur regelmäßig in den Ferien gearbeitet und oft auch an zwei für Gewerbetreibende offenen Abenden in der Woche am Einlass kontrolliert", sagt Arnold. Weniger gerne erinnert er sich an die Ferien, in denen Kipp ihn als Ladendetektiv einsetzte. „Die Regale standen einen Meter von der Wand weg. Ich musste dahinter herumlaufen und schauen, wer etwas mitnimmt, ohne zu bezahlen, und den Kunden bis ans Auto verfolgen und dort stellen", sagt Arnold. Die Szenen, die sich dann im Büro abgespielt hätten, seien ihm stets sehr peinlich gewesen.

Donnerstags lag den Zeitungen im weiten Umkreis um Alzey jeweils der Massa-Werbeprospekt mit den Sonderangeboten bei. An den Folgetagen, vor allem am Wochenende, war Alzey verkehrsmäßig verstopft. Es herrschte riesiger Andrang, die Kunden kamen aus dem ganzen Rhein-Main-Gebiet und der Pfalz und kauften alles – bis hin zu den legendären su-

Während des Winzerfestes 1972 war auch im Massa-Kaufhaus der Teufel los.

Ein Blick vom Massa-Hochhaus Ende 1960er/Anfang 1970er Jahre. Der Parkplatz des Kaufhauses war vor allem samstags immer gerappelt voll.

pergünstigen Schweinehälften, die sie dann zum Auto schleppten. Zum Kunden- kam der Lieferverkehr. Rund um die Friedrichstraße herrschte vor allem samstags Verkehrschaos und auch die Parkplätze reichten dann bei weitem nicht aus. Kipp war fast immer selbst präsent, manchmal regelte er den Verkehr auf der Straße oder sorgte für ein Durchkommen im engen Treppenhaus, wenn jemand etwa ein Sofa runtertragen wollte. Ziel vieler Kunden war auch die Kantine im obersten Stock des Hoch-

Blick vom Massa-Hochhaus: Riesenandrang herrschte vor allem an Samstagen.

hauses, in der jeder mit großartigem Fernblick essen konnte. „Natürlich hatte das auch seine Kehrseite, viele Lebensmittelgeschäfte und Fleischereien in Alzey mussten schließen, weil Kipp ihnen die Kundschaft wegnahm, das machte ihn bei vielen Alzeyern unbeliebt", sagt Ute-Elke Bonengel.

1973 eröffnete Kipp schließlich den zweigeschossigen Massa-Markt auf der grünen Wiese im neuen Industriegebiet und entlastete die Innenstadt. Die Tankstelle blieb bis in die zweite Hälfte der 2010er Jahre in der Friedrichstraße, auch, nachdem Kipp sein Unternehmen 1984 an die Börse gebracht hatte und sich 1987 quasi über Nacht aus Alzey in die Schweiz zurückzog. Auch die Gebäude waren weiter im Besitz Kipps beziehungsweise der Kipp-Immobiliengesellschaft. Seit 2015 steht das Hochhaus, in dem zuletzt das Rechnungs- und Personalwesen des Handelsunternehmens Real untergebracht war, leer.

Aber die Friedrichstraße ist nicht nur Kipp. Historisch bedeutend ist auch das Haus am oberen Ende oberhalb des Casinos, die Friedrichstraße 17, erbaut 1893 im Stil der Neurenaissance von Stadtbaumeister Jakob Schmitt. Um die Wende vom 19. zum 20. Jahrhundert wohnten dort Dr. Karl Weyprecht, der ab 1900 Direktor des neu erbauten Kreiskrankenhauses Alzey war, sowie Kreisbaurat Eduard Heinrich Langgässer, dessen Tochter Elisabeth hier 1899 geboren wurde. Daran erinnerte sich auch die Witwe des früheren Rektors der Löwenschule Alzey, die längst verstorbene Margarethe Hein, die als Tochter des Arztes Dr. Friedrich Klein in der Friedrichstraße 12 wohnte, berichtet Wulf Kleinknecht. Margarethe Hein habe als Kind oft mit Elisabeth gespielt, ehe die später erfolgreiche rheinhessische Schriftstellerin mit ihren Eltern 1909 wegzog.

1917 kaufte Dr. Nikolaus Schlink, Wulf Kleinknechts Großvater, das Anwesen und zog mit Familie und Arztpraxis aus der St.-Georgen-Straße 37 dort ein. In dieser Zeit machte er als Hausarzt noch Hausbesuche mit Pferd und Kutsche. „Meine Großmutter, Marie Schlink, hielt in kleinen Ställen hinter der Garage eine Ziege, weil die Ziegenmilch als besonders verträglich galt. Und sie hatte eine große Dogge, die täglich über den Fußweg der heutigen Pestalozzistraße ausgeführt wurde", erzählt Kleinknecht. Dr. Schlink war später einer der ersten Autobesitzer in Alzey und durfte sogar seiner Tochter selbst Fahrstunden erteilen. Nach seinem Tod im Jahre 1955 übernahm sein Sohn Dr. Carl Edmund Schlink das Anwesen und führte die väterliche Praxis im Hause fort. Dann wurde das Haus dem Sohn Wolf Schlink und dessen Töchtern vererbt, die es an Dr. Ernst Michel Kleinknecht und seine Ehefrau Lotte verkauften, denen es bis heute gehört.

Gegenüber dem „Langgässer-Haus" und dem Casino liegen drei Ende des 19. Jahrhunderts im Stil des Historismus erbaute Häuser, die Nummern 22, 24 und 26. Während die beiden ersten Privathäuser sind, war die Nummer 26

Der Arzt Dr. med. Nikolaus Schlink kaufte 1917 das Langgässerhaus und machte Hausbesuche noch mit Pferd und Kutsche.

einst die Oberförsterei. Dort wohnte und arbeitete nach dem Zweiten Weltkrieg Forstmeister Rudolf Arnoldi mit seiner Familie. Ein Geweih am Giebel weist auf die Nutzung hin, heute beherbergt das Haus das Forstamt Rheinhessen.
Am unteren Ende der Friedrichstraße befand sich an der Westseite, Ecke Spießgasse, einst der Getränkehandel Franz Xaver Zankl. „Dort haben wir als Kinder flaschenweise Limonade geholt", erinnern sich Wulf Kleinknecht und Ute-Elke Bonengel. In den 1950er Jahren nutzte dann das Technische Hilfswerk das Gelände, hier standen die Fahrzeuge, wurde ausgebildet und es gab Tage der offenen Tür. 1973 zogen die THWler dann von dem Eckgrundstück fort in die alte Brauerei und später in ihr neues Domizil in der Albiger Straße. Heute wird das Gelände als Parkplatz genutzt
Gegenüber befindet sich das ziemlich marode Haus Lehne, benannt nach dem Advocatanwalt Eduard Lehne (gestorben 1857), der das aus dem bankrotten Gut ausgegliederte Wohnhaus erwarb, ein Sohn des prominenten Mainzer Jakobiners Friedrich Lehne, wie im Band Alzey-Worms der Denkmaltopographie Bundesrepublik Deutschland zu erfahren ist. Er brachte eine spezifische bürgerliche Kultur und Lebensweise mit und wurde als Liberaler 1847 in die Zweite Kammer des Hessischen Landtags gewählt. Ursprünglich war das Gebäude 1820/1830 allerdings von Georg Fitz als Gutsbetrieb erbaut worden, zum repräsentativen Wohnhaus gehörten damals unter anderem eine große Hofreite, Wirtschaftsgebäude, Stallungen, Scheuer, viele Keller, ein Pflanzgarten, Äcker und Weinberge. Im Anwesen Lehne gibt es bis heute eines der schönsten Kreuzgewölbe in der Region. Der Altstadtverein hat diese Alzeyer Kuhkapelle 2006 renovieren lassen und seitdem sein Bücherlager dort, das an den drei Büchermärkten im Jahr, die in dem Raum veranstaltet werden, geöffnet ist.
Im Haus selbst ist vor allem das Treppenhaus mit antikisierenden römischen Motiven von Liktorenbündeln (Rutenbündeln) und seltenen Messingaufsätzen eine Besonderheit. Seit Herbst 2007 ist in dem Gebäude die Tafel Alzey. Museumsdirektor Dr. Rainer Karneth sieht in ihm „einen bedeutsamen Erinnerungsort lokaler Geschichte, in dem sich Agrar-, Sozial-, Kultur- und Geistesgeschichte der ersten Hälfte des 19. Jahrhunderts in besonderer Weise verdichten". Aber die Tafel muss bald ausziehen, denn ein Investor hat das Gebäude gekauft.

Mitte der 1960er Jahre war an der Ecke Spießgasse das THW.

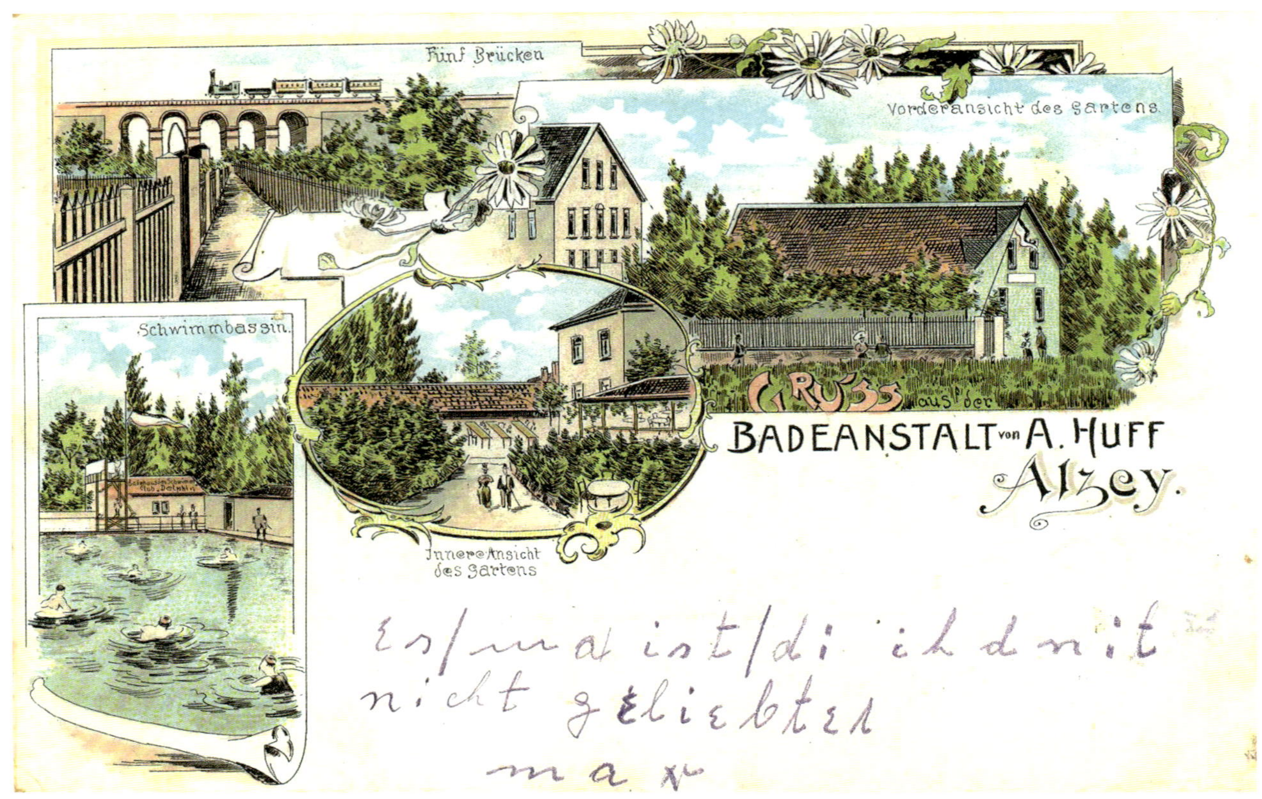

Diese Postkarte zeigt die Badeanstalt A. Huff. Aus der Stadt ging es unter den Fünf Brücken hindurch den Badeweg entlang zur Hansenmühle, in der heute das „Wirtshaus" ist, und zum Schwimmbassin. Der Name Neptunbad leitet sich vom Schwimmclub Neptun ab.

Im Kinderbecken schwammen die Kaulquappen

Das Neptunbad war bis 1957 das Schwimmbad der Alzeyer. Mit ihm verbinden sich die Geschichte des Schwimmclubs Neptun und auch viele persönliche Erinnerungen

Seit mehr als 60 Jahren zieht es die Alzeyer, die Erfrischung und sportliche Betätigung im Wasser suchen, im Sommer ins Wartbergbad. Bevor dieses Pfingsten 1958 eröffnet wurde, ging es über den Badeweg raus gen Westen. Denn das erste Schwimmbad der Stadt lag Am Herdry am Ufer der Selz, dort, wo heute die Gartenwirtschaft „Wirtshaus" ist. Viele alte Alzeyer haben im Neptunbad schwimmen gelernt. So auch Doris Seibel-Tauscher (Jahrgang 1948), geborene Müller, die später jahrzehntelang Kunsterzieherin am Gymnasium am Römerkastell war. „Wenn ich daran zurückdenke, steigt mir sofort der Geruch des Wassers vom Neptunbad wieder in die Nase", sagt sie, „Besonders intensiv war der Geschmack, wenn ich genug davon geschluckt hatte, was öfter passiert ist. Ich war keine gute Schwimmerin."

Das Neptunbad wurde vor allem vom Schwimmclub Neptun betrieben – daher der Name. Er hatte sich am 21. März 1894 in der Badeanstalt von Adam Huff gegründet. Der Verein mietete dazu den Huff'schen Badeweiher südlich der Selz an, die Eröffnungsfeier war am 24. Juni 1894. Der junge Verein richtete bereits am 2. September 1894 dort das erste große Preis- und Wettschwimmen aus.

Bis sich das Bad jedoch endgültig etablierte, gab es noch einige Verwerfungen und Umzüge, wie aus der Festschrift zum 100-jährigen

Die Graf'sche Badeanstalt galt als etwas „gehoben".

Eine Postkarte vom Schwimmfest des Schwimmclubs Delphin Alzey aus dem Jahr 1898.

Bestehen von 1994 hervorgeht. Denn schon 1895 zog der Schwimmclub Neptun von der Huff'schen Badeanstalt in das benachbarte Bad von Otto Graf. Graf hatte dies bereits 1873 gegründet – nördlich der Selz, wo heute der große Robinson-Spielplatz ist. Beide Badegelegenheiten lagen also dicht beieinander, dazwischen floss die Selz.

„Es wird berichtet, dass das Bad Graf der besseren Gesellschaft und Realschülern vorbehalten war, während in der Badeanstalt von Huff einfache Leute und Volksschüler ins Wasser gingen", sagt Walter Steinmetz (Jahrgang 1953), der alte Fotos zusammengetragen und sich mit der Geschichte beschäftigt hat. Zwölf Jahre lang war das Bad von Otto Graf das Vereinsbad der Neptunschwimmer.

Ernsthafte Streitigkeiten führten derweil zur Gründung weiterer Schwimmclubs, so vor allem des SC Delphin, der allerdings sportlich weniger erfolgreich war als der Club Neptun. Luise Graf rief zudem am 10. Juni 1898 den Damenschwimmclub Undine ins Leben und am 2. Juli 1902 berichtet die AZ über einen Wett-

Eine Postkarte von der Huff'schen Badeanstalt vom Anfang des 20. Jahrhunderts.

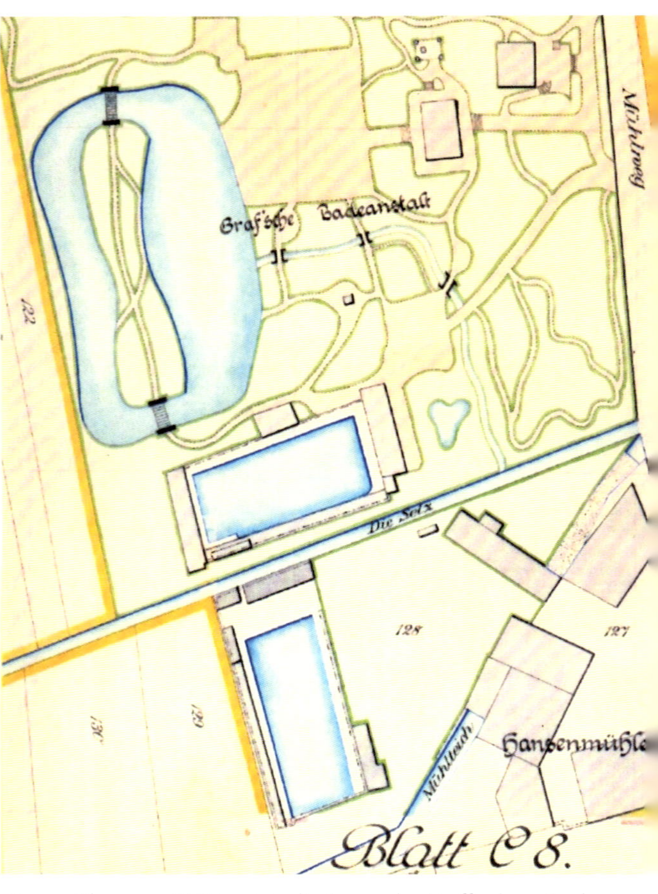

Dieser Plan von 1921 zeigt die Lage der Huff'schen Badeanstalt (vorne) und der Graf'schen Badeanstalt westlich des Mühlweges (heute Am Herdry). Dazwischen fließt die Selz.

Schwimmfest 1912.

1921 – Badefreuden in teils knielanger Bekleidung.

Im Kinderbecken gab es 1926 Schwimmunterricht – unter den Schülern ist rechts vorne Wilhelm Wahner, der Vater vom Flammkuchen-Franz.

Gertrud Steinbach, später verheiratete Becker, Anfang der 1930er Jahre beim Schwimmunterricht. Im Hintergrund schaut Mutter Maria Steinbach zu.

kampf des Schwimmclubs 1901. „Bestand hatte letztlich aber nur der Neptun, die anderen sind in den kommenden beiden Jahren wieder eingegangen", sagt Steinmetz.

Neptun kehrte 1907 in das Huff-Bad zurück, weil es größer und das Wasser besser war, der Verein pachtete und renovierte es umfänglich. Von da an gab es alljährlich im August stets gut besuchte Schwimmfeste mit Teilnehmern aus weiten Teilen Hessens und ganz Süddeutschland. Zu den Disziplinen gehörten Kopfweitsprung, Hindernisschwimmen, Hand-über-Hand-Schwimmen und Jugend-Spanisch-Schwimmen.

Während des Ersten Weltkriegs kam die Vereinstätigkeit des SC Neptun erstmals zum Erliegen. Als die Schwimmer 1924 wieder starten wollten, war die Badeanstalt in einem so schlechten Zustand, dass ein völliger Neuaufbau nötig wurde. Da der Eigentümer Huff sich an den Kosten nicht beteiligen wollte, kaufte der SC Neptun ihm das Areal für 21 000 Mark ab und baute ein Becken mit einer Schwimmbahn von 25 Meter Länge. Die Schuldenlast betrug anschließend 43 000 Mark, aber immerhin zählte der Verein damals 650 Mitglieder.

Im Zweiten Weltkrieg musste der Schwimmclub Neptun seine Aktivitäten einmal mehr unterbrechen. Danach war zunächst jegliche Vereinstätigkeit verboten. Schließlich lockerte die französische Militärregierung die Vorschriften und gestattete für Alzey zwei Vereine. Deshalb taten sich die Neptunschwimmer zunächst mit dem ehemaligen Sportverein zusammen und gründeten am 10. November 1946 den Sport- und Schwimmclub Alzey (SSC Alzey). Erst ab 1950 war der SC Neptun 1894 e. V. wieder eigenständig. Sein altes Bad indes hatte seine besten Zeiten hinter sich, die Stadt plante das Wartbergbad am neuen Ort im Süden der Stadt. Im September 1957 trafen sich die Schwimmer zum letzten Mal im Neptunbad zum traditionellen Abschwimmen. Seitdem gibt es nur noch den Club, aber nicht mehr das Bad.

Einige taten sich mit dem Umzug ins Wartbergbad schwer, berichtet der langjährige Sportliche Leiter, Trainer und Wettkampfschwimmer des SC Neptun, Karl Walther (1937 – 2023). „Das Neptunbad lag an einer der tiefsten Stellen Alzeys und dort war es immer etwas wärmer, so dass man noch an warmen Oktobertagen schwimmen konnte", schwärmt Walther. Vorteile hatten auch die großen Nussbäume

Kopfüber ins Wasser. Ein Foto aus dem Neptunbad von 1942.

auf dem Gelände, die Mücken abhielten, die sich sonst in Wassernähe gerne tummeln.
Im Wartbergbad sei es dagegen häufig windig. Viele im Verein wollten am alten Standort festhalten, aber die Stadt war nicht bereit gewesen, dort zu investieren. Das Schwimmbad gehöre dorthin, wo auch die anderen Sportstätten seien, so die Meinung nicht zuletzt von Bürgermeister Willi Bechtolsheimer. Nach dem Umzug weigerte sich Trainer Seppel Breitenbach, der im Neptunbad sehr aktiv war und trainiert hatte, jahrelang, das neue Bad überhaupt zu betreten und musste lange überredet werden, bis er unter Tränen endlich mal hochging ins neue Wartbergbad. Auch andere trauerten dem Neptunbad nach: „Das war schon eine Umstellung, wir als Anhänger des alten Neptunbades haben uns erst mit dem neuen Bad schwergetan, auch wenn das 50-Meter-Becken gute Trainingsmöglichkeiten bot", erinnert sich Liesel Müller (Jahrgang 1936), ein Urgestein im Schwimmclub. Im alten Bad war auch eine Gastwirtschaft dabei, die es so im Wartbergbad nicht gab.
Das Neptunbad an der Selz wurde gespeist aus dem Mühlenteich. Das Wasser lief durch drei Blöcke mit trockenen Weinreben, um es grob zu reinigen. Alzeyer Geschäftsleute hatten einen Teil des Mühlengeländes gekauft und wenn das Bad gefüllt werden sollte, wurde der Zulauf zur Hansenmühle solange gesperrt. Das Problem: Das Wasser wurde spätestens nach einigen Tagen immer trüber. „Das Neptunbad hatte grünlich schimmerndes, meist undurchschaubares Wasser. Nach mehreren heißen Tagen im Sommer konnte es sogar angenehm warm sein", erinnert sich der spätere Beigeordnete Manfred Hinkel (Jahrgang 1944) in einem Aufsatz mit dem Titel „Erinnerungen an das Neptunbad" für die Festschrift „100 Jahre Schwimmclub Neptun 1894 e. V. Alzey" 1994. Auch ohne Heizanlage sei das Nichtschwimmerbecken meistens etwas wärmer, jedoch auch übler riechend gewesen. Eine Wasserreinigungsanlage gab es nicht. Zweimal während der Saison wurde daher das Wasser gewechselt. Das Becken lief dann komplett leer und wurde neu befüllt. Das hieß dann auch, dass das Neptunbad mehrere Tage zu war. „Dann musste ich zum Training mit dem Fahrrad nach Kriegsfeld oder Kirchheimbolanden fahren", sagt Walther, der damals in der Flonheimer Straße wohnte.
Das 25 Meter lange und bis zu zwölf Fuß (3,67 Meter) tiefe Becken wurde für das Training in vier Bahnen geteilt, in den 1950er Jahren trainierte dort Seppel Breitenbach die Mannschaft. Eine Mauer trennte das Becken von

Das Neptunbad in den 1950er Jahren.

Das Schwimmerbecken in den 1950er Jahren mit der Schiene fürs Röllchen und im Hintergrund an der Wand der Neptun, der heute am Beginn des Badeweges nahe den Fünf Brücken steht.

dem drei Fuß (ca. 90 Zentimeter) tiefen Kinderbecken. „In dem kleinen Becken schwammen immer wieder Kaulquappen", erinnert sich Leni Werz (Jahrgang 1951), geborene Greth, aus der Wilhelmstraße, die dort als kleines Kind plantschte. „Mein Vater hat in dem Becken 1926 Schwimmunterricht gehabt", sagt der Ur-Alzeyer Franz Wahner (1949 – 2023).

Herr Brück gab in der Nachkriegszeit als Bademeister Schwimmunterricht. „Die Kinder haben am Röllchen schwimmen gelernt", erinnert sich Karl Walther. Das Röllchen lief in einer Schiene, die an Metallbögen über einer Bahn des Beckens befestigt war. Durch das Röllchen lief eine Kette, das eine Ende hielt der Bademeister, am anderen Ende war ein Gurt, den der Schwimmschüler um den Oberkörper trug. „Wenn jemand wasserscheu war, hat ihn Herr

Wettkämpfe in den 1950er Jahren ...

... die Zuschauer drängen sich am Beckenrand.

Brück manchmal etwas höher gehängt, wenn jemand ihm nicht passte, hing er tiefer im Wasser." Walther schaute genau zu, brachte sich selbst das Schwimmen bei, aber auch, wie man mit dem Röllchen andere unterrichtet. „Meine erste Schwimmschülerin war meine heutige Frau", erinnert er sich, wie er damals Mitte der 1950er Jahre als 16-Jähriger die 13-Jährige Doris kennenlernte. Auch sie war später als Trainerin und Kampfrichterin aktiv und gab Schwimmkurse. „Ich möchte nicht wissen, wie vielen Kindern mein Mann und ich das Schwimmen beigebracht haben", erinnert sich Doris Walther (Jahrgang 1940).

Im Schwimmbad gab es Umkleiden, Startblöcke und sogar ein Dreimeterbrett. In den 1950er Jahren hatte der Verein rund 100 Mitglieder. „Damals konnten nicht allzu viele Al-

Das Neptunbad 1954 – drei Jahre vor der Schließung.

zeyer schwimmen", erzählt Karl Walther. Auf Pfeilern thronte ein Betonplateau, das zum Sonnen einlud, auch eine große Liegewiese gab es. Wahrzeichen war der Neptun mit dem Dreizack an der Stirnseite des Bades, heute findet man ihn am östlichen Ende des Badeweges. Im Kinderbecken standen zwei Säulen, an denen später Springbrunnen installiert wurden. An heißen Tagen konnte es im Bad schon ziemlich voll sein. Vor allem für Kinder und Jugendliche war es ein beliebter Treffpunkt. „Trotz vieler Ver- und Gebote hatten wir immer eine Menge Spaß im Bad. Im Freundeskreis konnten wir uns für ein paar Stunden richtig austoben, selbst auf der winzigen Liegewiese, die uns riesig groß vorkam, oder auf dem ,Balkon' neben dem Schwimmbecken", schreibt Manfred Hinkel. In den Ferien waren die Kinder manchmal den ganzen Tag im Bad, verpflegten sich mit Mitgebrachtem aus dem zeitgemäßen Matchsack. Ganz selten gab es ein Eis oder sogar eine „Bluna".

Wer ins Schwimmbad wollte, gelangte dorthin durch das Vorderhaus, in dem sich heute die Gastwirtschaft „Wirtshaus" befindet. „Man musste durch die Halle gehen, an der Theke bezahlten wir Kinder 20 Pfennig, die Garderobe kostete 10 Pfennig. Dass das Wasser meistens sehr trüb war und man die Schwimmer unter Wasser nicht sah, machten sich Walther und andere Jungen zunutze, um ihnen Streiche zu spielen. Besonders beliebt für Schabernack war der Drogist Petri. „Er kam abends immer zum Rückenschwimmen, die Jugendlichen sind dann ins Wasser gesprungen, unter ihn getaucht und haben ihn hochgehoben", erinnert sich Walther.

In den 1970er Jahren war das Neptunbecken bereits zugeschüttet, das Terrain bepflanzt, nur die Empore stand noch. Heute ist an der Stelle des Beckens der Biergarten der Gaststätte „Wirtshaus".

„Dann schaute der Bauch weit raus." Petri habe nie geschimpft, es habe ihm sogar Spaß gemacht.

Wenn Wettkämpfe waren, wurde auf der einen Seite des Bades sogar eine Tribüne aufgebaut, damit alle gut sehen konnten. Bis zu 35 andere Schwimmvereine kamen zu solchen Anlässen. „Die Alzeyer hatten gute Schwimmer, aber die anderen Clubs auch", sagt Walther. Denn im Gegensatz zu den Vereinen größerer Städte fehlte in Alzey das Winterbad zum durchgehenden Training. „Andere Vereine haben immer etwas über uns gelacht", sagt Walther, der selbst zunächst Brustschwimmen, später aber auch Kraulen, Rücken und Delphin trainierte. Immerhin gewann er in der 4x200-Meter-Bruststaffel gemeinsam mit Karl-Heinz Kipp, Manfred Hinkel und Peter Pietsch Anfang der 1960er Jahre zweimal die Bronzemedaille bei den Südwestdeutschen Schwimmmeisterschaften im Wettbewerb für Vereine ohne Winterbad.

Ein Problem war für Jungen übrigens schon die Anschaffung einer Badehose. Während die Mädchen und Frauen im Kaufhaus Sauer eine gewisse Auswahl fanden, führte allein das Geschäft „Drei-Männer-Maß" in der Antoniterstraße Badehosen. Im Schaufenster hingen zwei Modelle, wer etwas anderes wollte, musste es sich von der Familie nähen oder stricken lassen. Das Bad Graf, das neben dem Neptunbad lange auch noch existierte, war vor allem ein Weiher, umgeben von Holzplanken. „Wir Kinder durften es nicht betreten, weil dort auch nackt gebadet wurde, hieß es", sagt Walther. Das Ende der Graf'schen Badeanstalt kam indes noch vor dem des Neptunbades.

Eines von vielen Festen im evangelischen Kindergarten 1952 oder 1953. Fast mittig im Hintergrund Pfarrer Eberhard Dusse, unter den tanzenden Kindern Christine Zollitsch (heute Hinkel) und Doris Müller (heute Seibel-Tauscher).

Tolle Feste und manche harte Strafe

Im Schulgässchen lagen auf der rechten Seite der evangelische und der katholische Kindergarten direkt nebeneinander

Eltern, Schüler und Kindergartenkinder – um die Mittagszeit ging es in den 1950er Jahren nirgends so hoch her wie im Schulgässchen, das dann voller Menschen war. Die Schüler rasten die Straße runter. Auf der rechten Seite balancierten jeden Tag bei Schulschluss die größeren Schüler auf der schmalen Begrenzungsmauer der Marienschule. Auch mancher Kindergartenjunge machte sich einen Spaß daraus, andere Kinder nochmal extra umzustoßen. „Wenn der Kindergarten zu Ende war, sind wir das Schulgässchen runtergerannt und die wilden Jungens hinterher", erzählt Christine Hinkel, geborene Zollitsch (Jahrgang 1948). Das Schulgässchen ist eine der kürzesten Straßen in der Alzeyer Altstadt und für Autos bis heute Sackgasse. Das Gässchen endete links an der Marienschule und rechts bei den Eingangsstufen zum evangelischen Kindergarten. Bis in die 1970er Jahre gab es auch für Fußgänger keinen Durchgang zur Hexenbleiche; an der Stadtmauer war Ende.

Auf der rechten Seite ging es vorbei an einigen kleinen, dicht gedrängt stehenden Privathäusern zum katholischen und evangelischen Kindergarten und zur Marienschule. „Man konnte bei diesen Häuschen schon als Kind bequem in die Fenster schauen und das hatte etwas von einer Puppenstube", erinnert sich Doris Seibel-Tauscher (Jahrgang 1948) an ihre Kindergartenzeit, als sie fast täglich hier vorbeikam. An den Häusern hat sich bis heute nicht viel geändert.

Der erste Kindergarten, den man erreicht, ist der katholische. Er war im Schulhaus der alten Marienschule untergebracht, das 1817 der Stadt Alzey geschenkt worden war und das die katholische Gemeinde 1917 wieder ersteigerte. Zu diesem Zeitpunkt war es Wohnhaus, zehn Jahre später wurde es zum katholischen Kindergarten umgebaut, der hier am 17. Juni 1928 eröffnete. Leiterin war Schwester Redempta. 45 Jahre führten ihn die Schwestern der Kongregation der Göttlichen Vorsehung Mainz. Am 16. Juli 1941 lösten die Nazis den katholischen Kindergarten auf und wandelten ihn in einen Nationalsozialistischen Volkswohlfahrt-Kindergarten um. Nach dem Einzug der US-Armee in Alzey wurde er am 20. März 1945 unter Schwester Idaberga wieder als katholischer Kindergarten eröffnet.

Hans-Otto Schmitt (Jahrgang 1953) besuchte Ende der 1950er Jahre den katholischen Kin-

Schulgässchen, 1960er Jahre, aufgenommen aus dem Schulhof der Marienschule. Rechts der katholische Kindergarten, links daneben waren die Stufen zum Durchgang zum evangelischen Kindergarten.

Im katholischen Kindergarten kümmerten sich lange Zeit auch Nonnen um die Kinder – hier rechts Schwester Hermenfrieda und links Frau Kunz auf einem Foto von 1964.

In den 1960er Jahren besuchte der Mainzer Bischof Hermann Volk, der 1927 bis 1931 Kaplan in Alzey gewesen war, den katholischen Kindergarten.

dergarten. „Wir hatte noch Nonnen als Kindergartenschwestern“, erinnert er sich. Die Leitung hatte damals Schwester Sieghilde. Allerdings gab es auch schon weltliche Kindergärtnerinnen. „Meine Mutter arbeitete auch dort“, sagt Schmitt, der seine Kindergartenzeit genoss. „Bei mir in der Römerstraße gab es keine gleichaltrigen Kinder, hier hatte ich immer jemand zum Spielen.“ Es gab Bauklötzchen und es wurde viel gebastelt, erinnert sich Schmitt. Draußen war ein großer Sandkasten mit Schaufeln und Förmchen. „Ich habe lieber Nachlauf um den Sandkasten gespielt. Einmal sind dabei ein anderer Junge und ich voll in eine Pfütze gefallen. Dafür bekamen wir einen leichten Klaps und mussten uns in die Ecke stellen.“

1972 wurde der alte katholische Kindergarten durch einen Neubau ersetzt – hier ein Foto aus den 1980er Jahren.

1970 beschloss der Landtag ein neues Kindergartengesetz, das der frühkindlichen Erziehung wesentlich größere Bedeutung einräumte. Aufgrund des Gesetzes mussten die Schwestern die Verantwortung an den kirchlichen Träger, die Gemeinde St. Joseph, zurückgeben. 1973 übernahm Gertraude Schmittel die Leitung, bis sie 1987 überraschend starb.

In den 1980er Jahren hatte der katholische Kindergarten endlich auch ein eigenes Freigelände.

Bereits 1969 hatte die Bezirksregierung festgestellt, dass der Kindergarten nicht mehr den neuen Anforderungen entsprach. Im April 1970 wurde das Gebäude abgerissen und wenig später mit dem Neubau begonnen. Am 3. März 1972 eröffnete die Gemeinde den Neubau mit vier Gruppenräumen. Er grenzt an die alte Stadtmauer, die nun durch zwei Durchbrüche einen Zugang zur Hexenbleiche bekam. Dort hatte die Stadt Gelände für einen Spielplatz zur Verfügung gestellt. Nach dem Abriss des evangelischen Kindergartens 1973 bekam die St.-Joseph-Gemeinde Platz für den Spielplatz, auf dem nach und nach auch immer weitere Spielgeräte dazukamen.

Gabi Broschinski (Jahrgang 1958) war ab Mitte der 1970er Jahre Kindergärtnerin. „Als ich 1976 anfing, habe ich bei der Arbeit noch ein weißes Schürzchen getragen", erinnert sie sich. Während andere Kindergärtnerinnen sich noch mit Tante und dem Vornamen ansprechen ließen, war sie allerdings am Anfang das „Fräulein Boos" und wenig später dann Frau Broschinski. „Ich habe noch Schwester Hermenfrieda miterlebt", berichtet sie. Sie habe den religiösen Part übernommen, mit den Kindern Kirchenlieder gesungen und biblische Geschichten erzählt.

Die Kindergartenzeit war von 8 bis 12 Uhr. Zum Abschluss wurde noch gemeinsam ein Lied gesungen: „12 Uhr hat's geschlagen, der Kindergarten ist aus, jetzt gehen wir alle recht fröhlich nach Haus. Zu Hause da wartet die Mutter auf mich, und war ich recht artig, dann freuet sie sich." Danach ging es raus, wo die Mütter warteten. „In der Regel wurden die Kinder abgeholt, die älteren gingen auch schon alleine nach Hause", sagt Broschinski. Am Nachmittag gab es ebenfalls die Möglichkeit, in den katholischen Kindergarten zu gehen.

Das Spielzeug war schon wesentlich vielfältiger als in den 1950er Jahren. Es gab Lego,

Zum evangelischen Kindergarten gelangte man über ein paar Stufen und einen düsteren Durchgang. Hier holen 1966 Mütter ihre Kinder ab.

Puzzle, Steckerchen, die zu Mustern in weiße Platten gedrückt wurden, und Steckblümchen, die die Kinder ineinander verzahnen und so dreidimensionale Figuren kreieren konnten. „Am Anfang haben wir die Tische noch vorbereitet, die Kinder nahmen dann Platz und haben gespielt. Später wurde das dann anders", sagt Broschinski. Immer wieder wurden Feste gefeiert, im Sommer, an Ostern, Weihnachten, zu St. Martin, Erntedank und zu vielen anderen Gelegenheiten. „Damals haben uns die Eltern noch sehr unterstützt, das wurde, als immer mehr Frauen berufstätig wurden, immer weniger", erinnert sich Gabi Broschinski. Auch die Erziehungsziele änderten sich.

Im neuen Jahrhundert wurde einmal mehr die Sanierungsbedürftigkeit des Kindergartens festgestellt. Die Diskussionen über den von der Gemeinde gewünschten Standorterhalt und die Höhe der Zuschüsse der Stadt brachten keine Einigkeit. Seit 2012 ist der katholische Kindergarten in Alzey Geschichte. In Erinnerung ist er aber noch vielen. Heute befindet sich in dem Gebäude die Mensa der St.-Marien-Schule.

Direkt oberhalb des katholischen Kindergartens lag der evangelische Kindergarten. Er war vom Schulgässchen aus nicht zu sehen, aber hier war der Zugang. Er hatte eine längere Tradition als der katholische. Bereits 1859 diskutierte der Gemeinderat über die Einrichtung einer „Kleinkinderbewahranstalt" und beschloss schließlich 1864 die Umsetzung des Plans. Die Stadt gewährte einen Zuschuss von jährlich 130 Gulden. 1867 ist die Kleinkinderbewahranstalt im Brandkataster eingetragen (Bleichgarten 11/12), Ende des Jahrhunderts dann unter Bleichstraße 24.

Zum evangelischen Kindergarten führten gleich hinter der Mauer des katholischen Kindergartens ein paar Stufen und ein dunkler Mauerdurchgang. „Ich fand das als Kind immer etwas unheimlich", sagt Walter Steinmetz (Jahrgang 1953), der in den 1950er Jahren in den evangelischen Kindergarten im Schulgässchen ging. Dahinter öffnete sich ein Hof mit mehreren Gebäuden.

Christine Hinkel hat den evangelischen Kindergarten in den 1950er Jahren besucht. Vor allem an die Sommerfeste im Freien erinnert sie sich gerne. Dann haben die Kindergärtnerinnen – damals Tante Gretel (später verheiratete Bender) und Tante Hildegard Röcher – mit den Kindern auch kleine Aufführungen einstudiert, die sie dann den Eltern stolz präsentierten. Auch Eierlaufen und Sackhüpfen sind ihr in guter Erinnerung. „Meine Eltern haben immer erzählt, dass meine Schwester Anne einmal dazu ausersehen war, ein Frühlingsgedicht vorzutragen. ‚Ich bin der Frühling mit lockigem Haar', dekla-

Der evangelische Kindergartenjahrgang 1951.

mierte sie. Dabei hatte sie ganz dunkle Haare und eine tiefe Stimme."

Auf dem Weg in den Kindergarten hatte jedes Kind sein Kindergartentäschchen dabei. „Meines war rot – darin war meistens ein Brot mit Butter und Zucker zugeklappt", sagt Hinkel. In den Kindergarten gingen die Kinder alleine, vielleicht mit Geschwistern oder Freunden. „Mein Weg führte von der Hellgasse durch die Kirchgasse, wo es eine Bäckerei gab, aus der es hervorragend duftete, dann über den Obermarkt zum Schulgässchen."

Die Kinder wurden im Hauptgebäude des Kindergartens beschäftigt. Zunächst sprachen sie morgens zusammen ein Gebet. Anschließend machten die Schwestern mit den Kleinen Singspiele, auch die bunten Bauklötzchen erfreuten sich großer Beliebtheit. „Schwester Hildegard hatte die Leitung und Tante Erika machte Spiele mit uns. Wir lernten viele Kinderlieder, auch Weihnachtslieder, bastelten kleine Geschenke für den Muttertag", sagt Doris Seibel-Tauscher, geborene Müller und von 1997 bis 2022 Vorsitzende des Altstadtvereins.

Bei gutem Wetter ging's ins Freie. „Im Gegensatz zum katholischen Kindergarten hatte der evangelische damals einen großen freien Platz zum Spielen und Herumtoben", sagt Seibel-Tauscher. Die Ruine des Hexenturms war immer präsent. „Es war ein Hof mit riesigen Bäumen", erinnert sich Hinkels Kindergartenfreund Hartmut Dusse (Jahrgang 1947), Sohn des damaligen Pfarrers der Nikolaikirche. Es gab einen großen Sandkasten und die Kinder sind auch auf die Mauer geklettert. „Einmal bin ich runtergefallen und hatte eine dicke Lippe", sagt Christine Hinkel.

An einen Jungen im Kindergarten hat sie besondere Erinnerungen. „Er hat gerne gebissen", erzählt sie. Die Kindergärtnerinnen zogen ihm zur Strafe ein gehäkeltes Einkaufsnetz über den Kopf und setzten ihn in die Ecke. Auch Seibel-Tauscher erlebte als Dreijährige eine heutzutage unvorstellbare Strafe am

1953 führten die Kindergartenkinder für die Eltern das Stück „Waldmännchens Leid" auf – links als Waldmännchen Christine Zollitsch (verheiratete Hinkel) und rechts Doris Müller (verheiratete Seibel-Tauscher).

Kinder im evangelischen Kindergarten Mitte der 1950er Jahre. Im Hintergrund die Waschräume.

eigenen Leib: „Ich musste mich, weil ich angeblich an der Glocke am Eingang gezogen hatte, in die Mitte eines Kreises stellen und die Kinder gingen mit der Schwester um mich herum, rieben ihre Zeigefinger aneinander, deuteten dabei auf mich und riefen dauernd: ‚Pfui, schäm dich, pfui, schäm dich, dass alles lachen muss!'" Bestraft wurde auch ein Junge, der auf dem Heimweg das Schulgässchen hinab die kleine Doris anrempelte. „Er riss mir an meinem Geburtstag das Geschenk, das ich im Kindergarten bekommen hatte, aus der Hand und zertrampelte es in einem Schneehaufen." Als Strafe musste der Bösewicht im Kindergarten aus aufgerollten Luftschlangen einen Untersetzer zusammenkleben und ihr schenken. Aber die Schwestern und Tanten straften nicht nur, sie konnten auch lieb und fürsorglich sein. „So trug mich Tante Traudel an meinem ersten Tag im Kindergarten den ganzen Vormittag auf dem Arm, weil ich meine Mutter vermisste und nur heulte", erinnert sich Seibel-Tauscher.

Der kleine ansteigende Steingarten im Hof bildete oft die Kulisse für die kleinen Stücke, die bei Festen aufgeführt wurden. Neben diesem Steingarten stand das Gebäude, in dem die wenigen Toiletten untergebracht waren. „Da vermied ich es draufzugehen", so Seibel-Tauscher. Walter Steinmetz dagegen kann den Geruch des Waschraums nach Seife und Putzmitteln bis heute nicht vergessen.
„Einmal zur Weihnachtszeit", erinnert sich Christine Hinkel, „fing der Adventskranz Feuer." Ein Wassereimer stand aber in unmittelbarer Nähe, so dass gleich gelöscht werden konnte. Der Kranz blieb noch eine ganze Weile hängen. Sogar eine Abschlussfahrt gab es vor dem Schulanfang damals schon für die Kinder im evangelischen Kindergarten. „Wir waren erst am Frankfurter Flughafen und haben da eine kleine Rundfahrt gemacht und dann im Zoo", erzählt Hinkel.
Nach dem Abriss des alten Gebäudes 1973 zog der evangelische Kindergarten in einen „Plattenbau" an der Hexenbleiche und später an den Martin-Niemöller-Weg.

1973 wurde der alte evangelische Kindergarten abgerissen.

Ein Plattenbau an der Hexenbleiche ersetzte den alten evangelischen Kindergarten. 2012 wurde er abgerissen.

Die Sankt Marien-Schule um 1970. Viel hat sich seitdem äußerlich nicht geändert.

Nonne mit Sicherheitsnadel gepikst

Gegründet wurde die Sankt Marien-Schule am linken Ende des Schulgässchen einst als höhere Mädchenschule, später wurde sie zur Volks- und dann zur Grundschule

Am linken Ende des Schulgässchens – da, wo es für Autos nicht weitergeht und Fußgänger – und auch die erst seit 1973 – nach rechts durch die Stadtmauer zur Hexenbleiche gelangen, liegt die Sankt Marien-Schule. Eine Grundschule in der Trägerschaft der katholischen Kirche, die durch ihre religiösen Fundamente schon immer etwas anders war als die anderen Grundschulen in Alzey. „Kirche ist sehr traditionsverbunden, da spielt nicht nur das Menschenbild, sondern auch die Wertevermittlung eine wichtige Rolle." So beschrieb es 2017 die ehemalige Leiterin der Sankt Marien-Schule, Christa Becker-Schäfer. Diese christliche Grundhaltung sei bei allen Unterschieden dem Kollegium stets gemeinsam gewesen. „Eines der Ziele ist stets, den jungen Menschen Wege zu zeigen, wie sie Konflikte friedlich austragen können." Auch die Integration beeinträchtigter Kinder sei ein wichtiger Aspekt.

Die Sankt Marien-Schule im Schulgässchen 7 ist heute mehr als 160 Jahre alt. Als sie 2004 ihr 150-jähriges Bestehen feiern wollte, stellte sich mitten in den schon weit fortgeschrittenen Jubiläumsvorbereitungen bei Recherchen im Diözesanarchiv heraus, dass dortige historische Dokumente die Schule fünf Jahre jünger datieren als die in der Schule vorhandenen Schriftstücke. Laut den Unterlagen in Mainz wurde die Schule erst 145 Jahre alt. 1858, so heißt es in den Archiven, stellte die Oberin der Englischen Fräulein in Mainz bei der Großherzoglichen Oberstudiendirektion in Darmstadt einen Antrag auf Konzession für eine beabsichtigte

Oben: Das alte Schulgebäude Mitte der 1950er Jahre.

Links: Ein Schüler geht in den 1950er Jahren das Schulgässchen hinauf, an dessen Ende links die Sankt Marien-Schule liegt.

Errichtung einer Privatschule in Alzey. 1859 wurde der Antrag genehmigt. Die Englischen Fräulein mieteten die Ökonomie-Gebäude des Pfarrhauses. Am 18. August 1859 eröffneten sie dort eine höhere Bildungsschule für Mädchen vom sechsten bis zum 17. Lebensjahr sowie eine Elementarschule für katholische Mädchen.

In der langen Geschichte der Schule gab es in den folgenden anderthalb Jahrhunderten mehrere Wechsel in Schulform und Trägerschaft, vorübergehende Einstellung des Unterrichts und mehrfach das drohende Aus für die Schule. Bereits 1874 scheiterten die Englischen Fräulein mit der höheren Mädchenschule mangels Schülerinnen und Finanzen. Die heutige Sankt Marien-Schule wurde zur Elementarschule unter der Leitung der Schwestern der Göttlichen Vorsehung. 1936 lösten die nationalsozialistischen Machthaber die Schule auf, 1945 wurde sie wieder eröffnet.

Der Name Sankt Marien-Schule wurde ihr übrigens erst 1949 anlässlich des 75-jährigen Bestehens verliehen. 1956 gaben die Schwestern durch Mangel an Ordensnachwuchs die Schule ab. Nach einem regelrechten Schulkampf in Alzey wurde die Sankt Marien-Schule zur katholischen Konfessionsschule mit weltlichen Lehrkräften – nun für Mädchen und Jungen. 1957 wurde die 1887/88 erbaute Schwesternschule saniert und durch einen Neubau ergänzt. Sie ist bis heute eine private Grundschule und seit 1970 das neue Privatschulgesetz in Kraft trat, ist sie Grundschule in der Trägerschaft der Diözese Mainz. Im Sprachgebrauch der Alzeyer blieb sie aber lange die Schwesternschule.

Gudrun Winkes (Jahrgang 1942) kam 1965 nach Alzey, um ihre erste Stelle als Lehrerin an der Sankt Marien-Schule anzutreten. Während einige Kollegen noch im Dienst der Kirche standen, fing sie direkt im Staatsdienst an. „Es war ein unglaublich schönes Verhältnis zur Schulleitung, zum Kollegium und zum Hausmeister", denkt sie zurück. Zu diesem Zeitpunkt war die Sankt Marien-Schule Volksschule, ging also bis zur achten Klasse. „Wir Lehrerinnen und Lehrer waren so genannte Zehnkämpfer, wir waren ausgebildet für Grund- und Hauptschule

Ein Klassenfoto aus dem Jahr 1950.

Kinderfest auf dem Schulhof im Jahr 1960.

und haben alles unterrichtet", sagt Winkes. Sie selbst lehrte immer nur in der Grundschule. „Auch samstags war Unterricht von 8 bis 12 Uhr und auch an einem Nachmittag für die Großen ein bisschen Fachunterricht. Da habe ich Biologie und etwas Englisch gegeben", sagt sie. Das Schöne sei gewesen, dass mittwochs – nach dem Nachmittagsunterricht – das ganze Kollegium, das sich übrigens untereinander siezte, gemeinsam ins Café Esselborn ging. „Da habe ich 25 Jahre lang meinen Kirschkuchen gegessen", erinnert sich Winkes gerne zurück.

Hans-Otto Schmitt (Jahrgang 1953) kam mit sechs Jahren auf die Sankt Marien-Schule. „Es war die beste Schule in Alzey", erzählt er. Da sein Opa kirchlich in der Sankt-Joseph-Gemeinde aktiv war, war klar, dass er dort eingeschult werden würde. Auch seine Mutter Hiltrud (geborene Göttnauer) war in den 1930er Jahren hier zur Schule gegangen, als die Sankt Marien-Schule noch eine reine Mädchenschule war. Aus der Zeit gibt es eine Anekdote: Die Mädchen hatten einen Zettel geschrieben: „Ich suche einen Mann, der Windeln wechseln kann." Bei dem Versuch, der Nonne den Zettel mit einer Sicherheitsnadel hinten anzuheften, stachen sie sie allerdings, wodurch der Schabernack vorzeitig aufflog.

„Eine Lehrerin, die meine Mutter schon unterrichtet hat, war auch in meiner Schulzeit noch an der Sankt Marien-Schule, Fräulein Sauer", sagt Schmitt. „Ich hatte Martha Hein als Lehrerin, sie war damals noch ledig und leitete zeitweise kommissarisch die Schule", erinnert er sich an alte Namen. Die Lehrkräfte hätten früher die ganze Palette unterrichtet, nicht nur einzelne Fächer. Sie seien sehr fürsorglich gewesen, hätten sich um jeden gekümmert und seien bemüht gewesen, alle durchzubringen. Zum Unterricht gehörte sehr viel Auswendiglernen. „Den Anfang der Glocke von Friedrich Schiller kann ich immer noch", sagt Hans-Otto Schmitt. Auch aus dem Schulatlas für Rheinland-Pfalz wurde manches auswendig gelernt. Etwa über Rheinhessen, wo es liegt, dass es landwirtschaftlich geprägt ist und was die Hauptsehenswürdigkeiten sind.

Die Erziehung war streng, aber nicht ungerecht, erinnert sich der ehemalige Schüler. Es gab Ende der 1950er Jahre auch schon einmal eine Backpfeife, wenn ein Schüler oder eine Schülerin ungehorsam war. Aber keine Schläge. Geübt und benotet wurde damals auch die Handschrift. „In Schönschreiben hatte ich immer eine 4", gesteht Schmitt. „Wir haben sogar noch Sütterlin gelernt und meine Lehrerin sagte: ‚So viele Backpfeifen kann ich dir gar nicht geben, wie du schlecht schreibst.'"

Getrennt war der praktische Unterricht. Die Jungen hatten „Werken", die Mädchen Handarbeit. „Mein jüngerer Bruder, der später auf der Sankt Marien-Schule war, musste schon stricken üben." Freiwillig konnte man auch Englisch lernen. Ausflüge führten zum Beispiel nach Nack und zur Teufelsrutsch oder zum Forsthaus Vorholz.

Als die Sankt Marien-Schule 1970 zur – zunächst einzügigen – Grundschule wurde, gab es genau vier Lehrkräfte, für jede Klasse eine. Hermann Glaßner war Schulleiter beim Übergang, die drei Lehrerinnen waren damals Inge Hero (geborene Reinhardt), Martha Hein und Gudrun Winkes (geborene Kolder). „Der Umbruch war eine spezielle Zeit. Ich hatte mal ein Jahr, da hatte ich 50 Erstklässler", erzählt Winkes. Dann wurde geteilt. Eine Gruppe kam von 8 bis 10 Uhr, dann kam die zweite Gruppe dazu und es gab gemeinsamen Unterricht, dann gingen die ersten und die zweiten blieben für weitere zwei Stunden. Später wurde die Zweizügigkeit Normalität mit um die 25 Schüler pro Klasse.

Auf dem Pausenhof: Lehrerin Martha Hein (links) mit einer Kollegin in den 1970er Jahren.

Die Schüler waren braver als heute, sind die alten Lehrkräfte überzeugt. „Ich hatte nie Probleme, wenn ich heute höre, wie man die im Zaum halten muss, das kenne ich nicht", sagt Winkes. Und auch Rita Marouelli (Jahrgang 1943), die 1975 als Lehrerin an die Sankt Marien-Schule kam und deren Tochter Annette Ma-

1970 wurde die Sankt Marien-Schule unter Rektor Hermann Glaßner zur Grundschule. Auf diesem Foto von 1972 ist er mit Schülern und der Hausmeisterin Anna Ulrich zu sehen.

rouelli heute dort in gleicher Funktion arbeitet, schätzt ihre Dienstzeit bis 2005 als einfacher ein als heute. Das habe vielleicht auch daran gelegen, meint Winkes, dass Eltern, die ihre Kinder in die Sankt Marien-Schule schickten, diese damals wie heute bewusst wählten und hinter ihrer Entscheidung standen und stehen. „Das hat auch das Arbeiten leichter gemacht", so Winkes.
Rita Marouelli war zunächst einige Jahre in der Landschule in Nack eingesetzt gewesen, wo es nur zwei Klassen gab – die erste bis vierte und die fünfte bis achte Klasse waren jeweils zusammengefasst –, und dann in Flonheim mit einer Klasse pro Jahrgang, ehe sie an die Sankt Marien-Schule wechseln konnte. „Ich war auch dort im staatlichen Dienst, es gab an der Sankt Marien-Schule aber auch noch ein oder zwei Lehrer, die von der Kirche bezahlt wurden. In der Regel habe ich die Schüler durchgehend von der ersten bis zur vierten Klasse unterrichtet. Das war eigentlich ganz gut, dann hat man die Kinder gekannt und vier Jahre lang begleitet." Am Anfang dominierte der Frontalunterricht von Pult und Tafel aus. „Zeitweise gab es beim Rechnen Mengenlehre, die Bücher waren darauf abgestimmt, es hat nichts gebracht und ist sang- und klanglos wieder entschwunden", erinnert sie sich. Die Schule habe immer versucht, die Gemeinschaft zu fördern. Wenn ein Schüler krank war, hieß es für einen anderen: „Geh hin, bring ihm die Aufgaben!"
Obwohl die Diözese der Träger war, gab es nicht nur katholische Schüler – schon, weil es zeitweise nicht genug Anmeldungen von katholischen Kindern gab, um zweizügig zu bleiben. Schließlich waren die evangelischen Familien in Alzey in der Mehrheit. „Später gab es keine großen Unterschiede mehr, zu gemeinsamen Gottesdiensten gingen katholische wie evangelische Schüler mit." Während für die evangelischen Kinder zum Religionsunterricht zunächst ein Lehrer oder Pfarrer von außen kam, übernahm diese Aufgabe später ein Lehrer aus dem Kollegium. Karl Vogt unterrichtete lange das Fach, er widmete sich aber auch

Der Schulflur im Erdgeschoss Mitte der 1970er Jahre.

intensiv dem Musikunterricht. „Er führte auch Orff-Instrumente ein, rief Musikgruppen ins Leben und studierte Aufführungen ein", sagt Marouelli und erinnert sich gerne an Weihnachtssingen und Sommerfeste. Es habe an der Sankt Marien-Schule auch jüdische und neuapostolische Schüler gegeben, die dann privat Religionsunterricht erhielten, ergänzt Gudrun Winkes. Marouelli erinnert sich auch noch an eine besondere Begebenheit: „Wir hatten mal einen Einbruch in der Schule. Die Kriminalpolizei kam und öffnete in einem Klassenzimmer den Schrank. Da hatten wir viel für den Kunstunterricht drin. Wassergläser, Papier und mehr, es war bisschen unordentlich. ‚Der Schrank ist offenbar durchwühlt worden', mutmaßte die Kripo. Aber ich konnte nur sagen: ‚Nein, der sah immer so aus.'"

In guter Erinnerung ist Lehrern und Schülern auch der Hausmeister beziehungsweise die Hausmeisterin, Mädchen für alles und immer kooperativ. Zuerst war es Otto Ulrich, dann hat seine Frau, Anna Ulrich, geholfen und später ganz übernommen und schließlich deren Schwester Wilma Mitsch, die 2019 verstarb. „Sie verkauften gesundes Frühstück, Milch und Obst", sagt Winkes. Die Lehrer hätten geholfen, hätten beispielsweise Karotten geschält, die dann den Kindern angeboten wurden. „Eine Kollegin hatte einen Apfelbauern an der Hand, dann wurden für fünf Pfennig Äpfel verkauft." Nichts war dabei gewinnorientiert. „Anna Ulrich kannte man, sie hat alles saubergehalten", sagt Marouelli. Sie war streng, aber für alle da.

Rita Marouelli erlebte noch, wie 2003 die Mainzer Diözese die Sankt Marien-Schule aus finanziellen Gründen schließen wollte. Das Bistum sah sich nicht in der Lage, die Kosten für eine notwendige Sanierung aufzubringen. „Damals haben sich viele Eltern für unsere Schule stark gemacht, es war ein Aufstand der Schuleltern, die für den Erhalt plädierten und auch auf die Straße gingen", sagt Marouelli. Gemeinsam mit der Schulleitung kämpfte der Förderverein mit vielen Spendern und Unterstützern, aber auch vielen Alzeyern erfolgreich für den Erhalt der Schule. Bei einer Versammlung war die Stadthalle voll und das Bekenntnis aller zur Schule so groß gewesen, wie es die Vertreter des Bistums wohl nicht erwartet hatten. Als Konsequenz erstellte das Bistum doch ein Sanierungskonzept in mehreren Stufen. In den folgenden 15 Jahren wurde fast permanent im Haus gebaut, um es fit für die Zukunft zu machen. Gegenüber, im ehemaligen Kindergarten „Sankt Joseph", sind heute die Mensa und die Nachmittagsbetreuung untergebracht. Auch auf dem Schulhof steht zwar noch der alte Baum, aber statt Völkerball und Murmeln können die Kinder – auch dank des Fördervereins – Fußball spielen und auf modernen Spielgeräten klettern.

Unterricht in der Klasse 2b im Jahr 1988

In den 1950er und 1960er Jahren stand in einer Mauernische im Schulhof der Sankt Marien-Schule diese Marienstatue. Später wurde sie entfernt.

An der südlichen Seite der vorderen Spießgasse reihte sich schon 1920 hinter dem Deutschen Haus, in dem damals ein Café war, ein Geschäft an das andere.

Hüte, Hulla, Heimerle

Spießgasse – Südseite: Im vorderen Teil der einstigen Durchgangsstraße gab es viele traditionsreiche Geschäfte und eines der ältesten Häuser Alzeys

Autos fahren oft dicht an dicht, auf den Bürgersteigen drängen sich die Passanten, ein Laden reiht sich an den anderen. Mitte bis Ende des 20. Jahrhunderts war die Spießgasse neben der Antoniterstraße die belebteste Straße Alzeys. „Die Spießgasse war eine Hauptdurchgangsstraße, die Einfallstraße von Westen in die Stadt. Alle, die von Weinheim, Erbes-Büdesheim und den umliegenden Orten nach Alzey wollten, fuhren hier durch", sagt der Heimatforscher Ludwig Lessel (Jahrgang 1931), der im Haus Nummer 28 groß wurde. Die Spießgasse verläuft in Ost-West-Richtung vom Roßmarkt bis zum Eisenbahnviadukt. Sie ist – neben der Bahnhofstraße – die längste Straße der Innenstadt.

Der Name der Spießgasse findet sich 1574 das erste Mal. Über die Herkunft gibt es im Band Alzey-Worms der Denkmaltopographie Bundesrepublik Deutschland zwei Theorien: Der einen nach kommt der Name von dem 1800 abgerissenen Spießtor (1341, „spizzis porte"), das sich etwa in Höhe des Hauses 71 befand, also stadtauswärts direkt vor der Brauerei „Prinz Emil", der anderen nach rührt der Name von der Palisadenbefestigung des pfalzgräflichen Hofes her, an dem die Straße früher vorbeiführte. Die zwei- bis dreigeschossigen Wohn- und Geschäftshäuser, die die Spießgasse säumen, stammen überwiegend aus dem 18. und 19. Jahrhundert. Häufig ist, wo nicht freigelegt, unter dem Putz noch Fachwerk verborgen. Der untere Teil ist durch die Ladeneinbauten vielfach stark verändert worden. Neben Händler- und Handwerksbetrieben gab es hier in der Neuzeit immer auch Gasthöfe und Herbergen.

*Die Südseite der Spießgasse in den 1950er Jahren.
Auf den ersten Blick hat sich wenig verändert, aber die meisten Geschäfte haben gewechselt und am Straßenrand parken Autos.*

Heute geht es hier ruhiger zu. Seit 1986 ist der Abschnitt zwischen Roßmarkt und Selzgasse Fußgängerzone, aber ab etwa 2010 nahmen die Leerstände rapide zu. Während sich früher in der 1-a-Lage immer schnell ein neuer Pächter fand, entsprechen die Ladenflächen heute vielfach nicht mehr den Anforderungen an großzügige Verkaufsräume.

Dies trifft vor allem auf die Südseite, also die stadtauswärts linke Seite zu, um die es in diesem Kapitel geht. Hier beginnt die Spießgasse erst hinter dem Fischmarkt mit der Hausnummer 7. Um die Wende vom 19. zum 20. Jahrhundert hatten dort bereits die Kleidermacherinnen Henriette und Mathilde Süßkind ein Geschäft, Ende der 1920er Jahre ist dort der Fotoladen von Jakob Diehl dokumentiert. Dann kam in den 1930er Jahren der Friseur Heinrich Kail. „Se Kaile Hulla war sein Utzname“, sagt das Alzeyer Original Franz Wahner (1949 – 2023): „Er hat meinem Großvater die Haare geschnitten.“ In den 1950er Jahren zog das Stoffgeschäft Peth ein, später vermittelte Immobilien H. Lippert Häuser und Wohnungen. Mitte 2023 baute Steinmann Immobilien dort um.

Nebenan, im Haus Nummer 9, dominierte lange Zeit das Backhandwerk. Um die Wende vom 19. zum 20. Jahrhundert hieß der dortige Bäcker Heinrich Reinheimer, später kam Anton Brückmann und ab Ende der 1930er Jahre Karl Heintz, an den sich alte Alzeyer noch erinnern. Uwe Huster verkaufte in den 1950er und 1960er Jahren seine Backwaren, er zog später an den Bahnhof. Die Backtradition des Hauses endete schließlich. Ab den 1980er Jahren betrieb Garten Schneider in dem Laden eine Samenhandlung. Schneider zog in den 2000er Jahren in die Dautenheimer Landstraße, gab

Seit 1986 ist die vordere Spießgasse Fußgängerzone.

Im Haus Spießgasse 7 gab es viele Wechsel. 1970 war dort Immobilien Lippert. Nebenan in der Nummer 9 war die Bäckerei Huster, die vierte Bäckerei seit der Jahrhundertwende.

So schmal wirkte die Spießgasse einst – hier bei einer Glockenweihe in den 1950er Jahren.

den Zoobedarf auf und bot neben Gartenbedarf auch Gartenpflege an. In der Spießgasse 9 offerierten zuletzt die CM Friseure Haarschnitte zu günstigen Preisen, inzwischen ist der Laden wieder zu vermieten. „Das Haus hat links bis heute den Kellereingang von der Straße aus, wie das früher üblich war", sagt Wahner.

Ein Haus weiter, in der Nummer 11, gab es um 1900 einen von Johann Corell geführten Kolonialwarenhandel. Alte Alzeyer verbinden indes die Hausnummer mit Paul Gutschaft, der dort Mitte des 20. Jahrhunderts eine Samen- und Zoohandlung hatte. Vor allem für Kinder besaß der Laden, in dessen Schaufenster sich bisweilen auch Hundewelpen, junge Katzen oder Schildkröten tummelten, eine große Anziehungskraft, erinnert sich Franz Wahner. „Ich habe dort meinen ersten Goldhamster gekauft und später dann einen Goldfisch. Ich konnte stundenlang die Fische dort in den Aquarien beobachten." Ähnlich erging es Doris Seibel-Tauscher (Jahrgang 1948), von 2017 bis 2022 Vorsitzende des Altstadtvereins. „Bei Gutschaft wurde man immer gut beraten", sagt sie. Auch sie erwarb dort zwei Goldfische, einen schwarzen und einen roten, wobei der schwarze den roten wenig später tötete und dann 21 Jahre lang alleine weiterlebte. „Bei Musik fing der Fisch an zu tanzen", erinnert sich Seibel-Tauscher. Später zog in die Spießgasse 11 die Reste-Truhe ein mit einem Angebot an Stoffen, gefolgt von Helgards Laden, der später an den Fischmarkt wechselte. Zuletzt befand sich 2018 dort das Spezialitätenkontor Rathke, das vor allem Tee, aber auch unter anderem Schokolade, Kräuterbonbons und Geschenkartikel anbot. Es hielt sich aber nur kurze Zeit. Seit März 2022 ist dort der Friseursalon Heavenly Cut.

Im Nachbarhaus, der Spießgasse 13, war um 1900 die Buchhandlung August Wehn, später war es zeitweise ein Privathaus. Viele Alzeyer erinnern sich indes an den Musik Shop, in dem noch in den 1980er Jahren Karl-Heinz Hartmann Schallplatten verkaufte – dort gab es al-

Dichter Verkehr in der Spießgasse 1978. Im Haus 19 war der Versandhandel „Quelle", zuvor war es lange das Hutgeschäft der Modistin Emilie Klein gewesen.

les und was nicht da war, besorgte Hartmann, der als ziemlich ausgeflippter Typ beschrieben wird. Ein Schild kündigt dort derzeit die Eröffnung des Imbisses „So, wie früher ..." an.

In der Nummer 15 betrieb schon ab 1875 Simon Süßkind eine jüdische Matzenbäckerei. Auch eine Nähschule gab es dort. Um 1927 ist der Schreibwarenhandel „W. Stöckel" verzeichnet, der Papier und Schreibwaren und Bilderrahmungen anbot und auch eine Buchbinderei dabei hatte. 1938 zog Stöckel an den Fischmarkt 4. Später übernahm der Uhrmacher Ludwig Knobloch, der sein Geschäft bereits in der Nummer 17 hatte, den Laden zur Erweiterung seines Angebots.

Dort, in der Spießgasse 17, hatte bereits 1900 Uhrmacher Martin Fischer seinen Laden gehabt, wie Lessel weiß. Ab den 1930er Jahren betrieb dann Ludwig Knobloch das Geschäft, später seine Töchter, die Ende 2017/2018 endgültig den Juwelier- und Uhrenladen dichtmachten. „Knobloch hat nicht nur normale Uhren verkauft, die haben Uhren gebaut, unter anderem auch alle Sorten Wasseruhren", sagt Franz Wahner. Die Uhrmacherei habe zudem Turm- und Treppenuhren repariert. „In der Werkstatt hinten hast du gemeint, du wärst im Panoptikum", ergänzt er und erinnert sich an uralte Reklameschilder diverser Uhrenfabrikate. Das meiste sei nach der Geschäftsaufgabe wohl auf dem Müll gelandet – das traurige Ende eines alten Fachgeschäfts.

Ein solches führte ab den 1920er Jahren auch die Modistin Emilie Klein in der Spießgasse 19. „Meine Schwester, Hedi Müller, hat dort gelernt und den Laden später übernommen", sagt Doris Seibel-Tauscher, geborene Müller, und erinnert sich gerne an den Laden, in dem Damen- und Kinderhüte gefertigt wurden. Hedi war 18 Jahre älter als sie und wenn die Mutter die kleine Doris damals nicht vom Kindergarten abholen konnte, lief sie das Schulgässchen hinunter über den Obermarkt zur Familie Klein und wartete, bis sie mit der Schwester Hedi nach Hause gehen konnte. „Es roch zu gut nach Verdünnungsmittel", erinnert sie sich. Das alte Handwerk faszinierte sie. „Ich habe geschaut, wie die Hüte über die Holzköpfe gespannt wurden. Diese Holzköpfe waren halbiert und konnten so in der Breite auseinandergeschraubt werden. Die Putzmacherin dehnte den darüber gespannten Filz unter Einsatz von Wasser und

Neben der „Quelle" lockte 1977 der Jeans-Laden von Jochen Thörmer junge Kundschaft an.

einem heißen Bügeleisen, bis er die richtige Kopfgröße hatte." Die Modistin Klein sei so nett gewesen, sie sei gerne dorthin gegangen. Und: „Der Laden hatte eine wunderschöne barocke Doppeltür, sie steht heute noch im Schaufenster des Dönerladens, der dort seit einigen Jahren ist", sagt Seibel-Tauscher. Lange bevor Taurus Kebaphaus & Pizzeria einzog, war allerdings in der Nummer 19 eine Filiale von „Quelle", wo man die Artikel aus dem Katalog beim Versand bestellen konnte. Aber auch das ist, wie Emilie Klein, Geschichte.

Nebenan, in der Nummer 21, war in den 1920er Jahren das Samenhaus Vingo (Vinkemüller & Hugo). Später, in den 1930ern, hatte Jakob Blanck, der bereits einen Laden für Herrenkonfektion in der Nummer 23 hatte – vormals Alfred Rodrian Herrenkonfektion –, die Ladenfläche der Nummer 21 dazugenommen. Alte Alzeyer kennen ihn noch, nicht ganz so alte zumindest seinen Nachfolger Werner Michel, dessen Tochter später auf einem Teil der Fläche Damenmode verkaufte. Michel bot in den verbundenen Läden Freizeit- und Berufskleidung an. „Dort gab es Arbeitskleidung für jeden Beruf, von den weiten Schlaghosen und den Westen mit Silberknöpfen der Zimmerleute über die Latzhosen der Maurer bis hin zu den weißen Hosen und Kitteln der Ärzte und Krankenschwestern", erinnert sich Franz Wahner. Jedem Handwerk seine Bekleidung. Später eröffnete Jochen Thörmer einen Jeans-Laden in den Räumen, „der Laden mit dem Holz vor der Hütte", sagt Wahner. Dem folgte ein Teeladen und Ende der 2010er Jahre zog der Damenbekleidungsladen Lilas Naturmoden von der Schlossgasse hier ein. In der Nummer 21 ist heute der „Immo-Point".

In der Spießgasse 25 verkaufte um 1900 Georg Voelckel Seilerwaren und Kellereiartikel, weiß Lessel aus seiner alten Adressbuch-Sammlung. In den 1930er Jahren führte dann Ludwig Voelckel das Geschäft. Später übernahm Richard Wagner, der schließlich aber mit seinem Laden in die Albiger Straße zog, wo er bis heute in großem Stil Winzerbedarf parat hält. In der Spießgasse 25 folgte um 1970 das Reformhaus Fritz. „Dort durfte ich mir zu besonderen Anlässen eine Flasche Rotbäckchen holen", sagt Franz Wahner. Das Reformhaus Fritz ging später in die St.-Georgen-Straße. Nach 2016 zog ein Waffel-Laden ein und schon wenig später wurde der Laden zum heutigen Jimmy'z Shisha & Vape Shop.

Der Elektrohandel Seitner hatte seit den 1930er

Das Elektrogeschäft Seitner in den 1950er Jahren vor und nach dem Umbau.

Jahren in der Spießgasse 27 Tradition. Nach dem Abriss von Haus Heimerle und Obermarkt 2 im Jahr 1961 erwarb Hans Seitner das Grundstück bis zum Obermarkt und errichtete dort einen durchgehenden zweigeschossigen Neubau für seinen Elektrohandel. „Dort gab es Elektroartikel jeder Art bis hin zu Lampen, Herden und Kühlschränken", sagt Wahner.

In den 1980er Jahren war in den Räumen dann der „Men's Shop", ein Geschäft für Herrenbekleidung, das Marita und Peter Braun führten. Später hatte die Firma Playtex dort einen Werksverkauf für Dessous. Mitte der 2010er Jahre erwarb das Architektenpaar Luigi und Martina Sinopoli das leerstehende Gebäude und baute es zu seinem Büro um.

In den 1980er Jahren war an der Ecke Spießgasse/ Selzgasse der „Men's Shop".

Das Haus Heimerle in einer idyllischen Aufnahme zur Weihnachtszeit in den 1950er Jahren.

Und hier endet der erste Abschnitt der Spießgasse an der Selzgasse, die heute hinauf zum Obermarkt führt, über jenes Grundstück, auf dem einst eines der ältesten Häuser Alzeys überhaupt stand. Das Haus Heimerle, die Spießgasse 29, war 1561 als Schmiede erbaut worden und für die Geschichte des Fachwerks in ganz Rheinhessen von Bedeutung, heißt es in der Denkmaltopographie Bundesrepublik Deutschland. „Solange ich denken kann, war dort Ludwig Heimerle mit seinen Korb- und Tabakwaren drin", sagt Ludwig Lessel. 1895 war das Geschäft eröffnet worden, nachdem zuvor auch einmal ein Wirtshaus in dem alten Fachwerkbau war. „Mein Vater hat dort immer seine Zigaretten gekauft und ich durfte als Kind manchmal mitgehen", erzählt Doris Seibel-Tauscher. Vor dem Laden nahm Vater Müller seine Tochter auf den Arm. „Ich streckte die Hand aus, berührte die uralten Balken über der Tür und war unheimlich stolz, weil ich an die Decke greifen konnte." Dann ging es ein paar Stufen hinab in den Laden, wo rechts die lange Theke war, hinter der die Zigaretten lagen, auf der anderen Seite die Korbwaren und anderes. Bis 1961 betrieb die Familie Heimerle den Laden, dann wurde er

Nach dem Abriss des Hauses Heimerle zur Verbreiterung der Durchfahrt zum Obermarkt herrschte 1961 freier Blick von der Spießgasse zur Nikolaikirche.

trotz mancherlei Protest gemäß eines Stadtratsbeschlusses zur neuen Verkehrsplanung abgerissen, um das schmale Marktgässchen als Zufahrt zum Obermarkt zu erweitern. Die Balken, die im Bauhof für einen möglichen Wiederaufbau an anderer Stelle gelagert werden sollten, wurden hintenrum als Brennholz verkauft. „Der Abriss des Hauses ist für den Altstadtverein Symbol für die Missachtung und den respektlosen Umgang einer Zeit mit ihren unwiederbringlichen kulturellen Werten", heißt es auf der Homepage des Altstadtvereins.

Die sonnenverwöhnte Seite der Spießgasse. Gegenüber dem Deutschen Haus warteten um 1900/1910 die Conditorei Martin, Juwelier Eller und das Textilgeschäft A. Weinmann und E. Lessing auf Kunden.

Post, Pedoskop und Pistolen

Spießgasse – Nordseite: Auf der sonnigen Seite der heutigen Fußgängerzone wechselten immer wieder die Geschäfte und die Angebote

Als Walter Kubatschek 1977 nach Alzey kam und bei der Stadt nachfragte, ob er eine Kleinkunstbühne ähnlich dem Mainzer „unterhaus" eröffnen könne, war die Antwort zunächst einmal negativ. „So etwas brauchen wir in Alzey nicht", hieß es sinngemäß.
Kubatschek (Jahrgang 1950) setzte sich letztlich durch und installierte in der Spießgasse 4 gegen alle Widerstände über der Kneipe „Pfälzer Wald" das „Oberhaus", eine Institution, die bald Gäste aus dem weiten Umfeld anzog und für die Kubatschek zum Teil internationale Stars gewann: Hier traten in den vergangenen 40 Jahren unter anderem zweimal Purple Schulz („Verliebte Jungs") und mehrfach Chris Thompson, Ex-Sänger von Manfred Mann's Earth Band" auf.

Kneipe war die Spießgasse 4 schon immer. 1747 ist in dem Haus mit dem barocken Türsturz der Gasthof „Zum Schwarzen Adler" erwähnt. Bei der Übernahme allerdings war der große Saal ein heruntergekommener Hundezwinger. „Ich habe zwei Jahre saniert und umgebaut", erinnert sich Kubatschek. Und er fand ein Emaille-Schild mit der Aufschrift: „Pfälzer Wald am Roßmarkt, Inhaber Fritz Schulz, ältestes Parteilokal der NSDAP". In den 1950er und 1960er Jahren war das Gasthaus dann unter dem Gastwirt Frey Vereinslokal von Rot-Weiß Olympia Alzey. „Das besondere war oben in der Ecke der Fernsehapparat", sagt der als Flammkuchenfranz bekannte Franz Wahner (1949 – 2023), der damals mit seinem Opa häufig dort war und unter anderem 1954 zuschaute,

Die Kneipe „Pfälzer Wald" und der Hutladen Hedi Müller am Anfang der Spießgasse Mitte der 1970er Jahre.

wie die deutsche Fußballnationalmannschaft in Bern Weltmeister wurde – mit „Bluna"-Limonade und einem Päckchen Salzletten. „Manche Leute sind vor allem zum Fernsehen hingegangen – Frankenfeld, Kulenkampff, Fußball und Krimis", sagt Wahner. Später wechselten die Wirte mehrfach, zuletzt war das erste griechische Lokal in Alzey, das „Akropolis", in der Spießgasse 4. Dann zog Kubatschek ein. „Die Herrentoilette ist noch so, wie sie immer war", sagt Wahner nostalgisch. Heute führt Kubatscheks Sohn Thomas „Pfälzer Wald" und „Oberhaus". Zwischen Roßmarkt und Selzgasse hat jedes Haus an der Nordseite der Spießgasse eine lange Geschichte, immer wieder wechselten Inhaber und vor allem Ladenpächter. Die Nummer 6 etwa war zur Wende vom 19. zum 20. Jahrhundert das Textilgeschäft Emil Liebmann. Anschließend verkaufte Ernst Hostermann hier Bekleidung, er zog dann aber in die Antoniterstraße. In den 1930er Jahren bis etwa 1950 hatte Ludwig Klingenschmidt in der Nummer 6 sein Lebensmittelgeschäft, später wechselte die Modistin Hedi Müller von der Spießgasse 19 hierher. „Sie war bis zum Ruhestand 1995 so erfolgreich, dass sie auch Filialen in Mainz, Worms, Ludwigshafen und Pirmasens eröffnete. In Worms führt heute noch Hedis jüngste Tochter, Stephanie Salm, den Hutladen fort", erzählt ihre Schwester Doris Seibel-Tauscher (Jahrgang 1948), von 2017 bis 2022 Vorsitzen-

Die Spießgasse – hier eine Postkarte von Mitte der 1960er Jahre – war ein Zentrum des Einzelhandels.

Natürlich war die Spießgasse auch für jeden Umzug gut – hier zum Winzerfest 1969. Damals hatte die Frankfurter Bank eine Filiale, wo heute das italienische Restaurant „La Nave" ist.

de des Altstadtvereins. „Der Hutladen in der Spießgasse war toll, ich habe noch einen Indiana-Jones-Hut vom Ende der 1980er Jahre von Hedi Müller", sagt Franz Wahner. Heute befindet sich die Kneipe „Alt Alzey" in den Geschäftsräumen.

Nebenan in der Spießgasse 8 betrieb zu Beginn des 20. Jahrhunderts Ernst Rhumbler ein Uhrengeschäft, in den 1930er bis 1950er Jahren verkaufte Heinrich Netscher hier in einem kleinen Laden Lebensmittel. „Netscher hatte Frischmilch im Ausschank, wir sind mit der Kanne hingegangen und haben Milch geholt", sagt Seibel-Tauscher. In den 1970er Jahren zog vorübergehend die Frankfurter Bank mit einer Filiale ein, dann eröffnete Peppi, der erste Italiener in Alzey „Le Bistro", heute das „La Nave", betrieben zunächst von Bruno Strabone, dann von dessen Bruder Carmelo und anschließend von dessen Sohn Angelo Strabone.

Die Nummer 10 an der Ecke zur Judengasse – ursprünglich „Zum goldenen Löwen" – ist im 18. Jahrhundert erbaut. Das Haus wurde seit den 1780er Jahren von dem Apotheker und Posthalter Franz Simon, der 1806 bis 1813 auch Bürgermeister war, genutzt. Seit 1610 war die

Fotografiert wurde früher nur bei besonderen Anlässen. Hier 1927 beim Umzug zur 650-Jahr-Feier. Im Hintergrund die Löwenapotheke und Uhrmacher Eller.

„Löwenapotheke" lange Zeit die älteste noch existierende Apotheke Alzeys in den Räumen. 1788 bis 1798 war das Gebäude Thurn- und Taxissche Poststation. Der im Kern barocke Bau hatte bis 1925 eine klassizistische Fassade, die dann aber teilweise mit Renaissanceformen umgestaltet wurde. Der Keller hat noch ein Tonnengewölbe, auch ansonsten gilt der Bau der Denkmalpflege als historisch und städtebaulich herausragend, zeigt er doch die Fortdauer historisierender Tendenzen in den 1920er Jahren. In den 1950er Jahren betrieb in dem Haus Dr. Karl Sutter seine Apotheke, der die Spießgasse 12 jenseits der Judengasse dazukaufte und beide Gebäude mit einem Übergang verband, von den Alzeyern in Anlehnung an den berühmten Übergang zwischen Gericht und Gefängnis in Venedig als „Seufzerbrücke" bezeichnet. Sutters Schwiegersohn Nonnenmacher führte die Apotheke weiter, zuletzt betrieb sie Martin Meirer, 2020 wurde sie geschlossen. Zunächst zogen die CM Friseure aus der Spießgasse 9 ein, die Kette ging aber in die Insolvenz. Kurz war noch der Friseur- und Kosmetikladen Loom da, derzeit ist das Geschäft dauerhaft geschlossen.

In der später über die „Seufzerbrücke" verbundene Nummer 12 war schon ab 1900 bis in den Zweiten Weltkrieg hinein die Konditorei Johann Philipp Martin. „Dort gab es Pralinen und Schokoladen, wenn wir mal 50 Pfennig hatten, sind wir so schnell hingelaufen, dass man froh sein konnte, wenn nicht einer der Länge nach hinflog", sagt Heimatforscher Ludwig Lessel (Jahrgang 1931), der in der Spießgasse 28 aufwuchs. Bis in die 1950er Jahre wohnte in der Nummer 12 noch Martins Witwe. Sutter ließ dann das alte Wohnhaus abreißen und neu erbauen. In den Ladenräumen befand sich zunächst das Herrenfachgeschäft Uhrig, dann Hosen Rohe und später ein Jeansladen. Schließlich verkaufte Andrea Krieger über 30 Jahre lang in der „Modetruhe" bis 2019 hochwertige Kinderkleidung, heute ist dort das Tattoo- und Piercing-Studio „Fetish Needle".

Die Nummer 14 beherbergte mehr als 100 Jahre lang ein Juweliergeschäft. „Uhrmacher Christian Eller gründete 1862 den Laden, später führte ihn August Eller, in meiner Kinderzeit Heinrich August Eller und später Ludwig Eller", sagt Lessel. Zum Schluss übernahm Schwiegersohn Richard Rinkler. Erst Anfang der 1980er Jahre zog Hanne Weber mit einem Dessous-Laden ein, später wechselte sie aber in die Löwengasse. „Für die habe ich in der Stadthalle mal eine Modenschau ‚Fascino' moderiert", sagt Franz Wahner augenzwinkernd. Später wurde der Laden zum Bekleidungsgeschäft. Seit einigen Jahren gibt es Damenbekleidung im „Mode Trend", der zuletzt in die Nummer 16 erweiterte.

Der Uhren- und Juwelierladen war lange in der Spießgasse 14, hier ein Foto von 1910.

Dort gibt es gleich zwei Ladenflächen, in der Mitte führten ein paar Stufen zu den Eingängen. Anfang des 20. Jahrhunderts verkaufte das Textilgeschäft Weinmann und Lessing Wollwaren und Trikotagen und ab 1926 war im linken Teil die Alzeyer Volksbank. Ihr folgte 1955 die

Die Volksbank hatte in der Spießgasse 16 in den 1930er/1940er Jahren eine Filiale.

Reinigung Dohna. Rechts im Haus war in den 1950er Jahren das Kaufhaus Krämer. „Meine Tante hat dort gelernt und als Fünfjähriger war ich beim Krämer der Liebling aller Lehrmädchen. Sie haben mich auf die Theke gestellt und ich sang das Lied von der Fischerin vom Bodensee", erzählt Wahner. Danach warb in der 1970er Jahren hier die regionale Lebensmittelkette Latscha mit dem Slogan „Latscha liefert Lebensmittel", ehe in den 1970er Jahren Braunwarth und Gebhard in der Nummer 16 den ersten Lebensmittel-Selbstbedienungsladen in Alzey eröffneten. Später zog dort die Drogerie „Ihr Platz" ein.

Das Kaufhaus Krämer in den 1950er Jahren.

Schuhe haben in der Spießgasse 18 Tradition. Nathan und Johann G. Levi führten dort im frühen 20. Jahrhundert das Schuhhaus Levi. Nach der Machtübernahme durch die Nationalsozialisten bot ab 1938 Peter Stephan an gleicher Stelle Schuhe an, seine beiden Töchter Elisabeth und Margarete führten das Geschäft später fort. „Dort gab es ein riesiges Gerät, in das man reintreten und von oben auf seine Füße schauen konnte, ob sie in die Schuhe passten", erinnert sich Doris Seibel-Tauscher. Stundenlang hätte sie durch dieses Röntgengerät – ein Pedoskop – schauen können, aber die alte Frau Stephan habe gewarnt: „Das ist nicht so gesund, das darf man nicht so oft machen." Da es keinen Nachfolger aus der Familie Stephan gab, fragte der Großhändler, für den Manfred Schäfer damals als Vertreter für Herrenschuhe häufig auch ins Schuhhaus Stephan kam, ob dieser das

Braunwarth und Gebhard eröffneten in den 1970er Jahren das erste Lebensmittelgeschäft mit Selbstbedienung.

Mitte der 1970er Jahre: Die Reinigung Dohna, die Drogerie „Ihr Platz", Juwelier Eller und ganz hinten Hosen Rohe.

Geschäft weiterführen wolle. 1972 übernahm Schäfer den Laden in Form einer KG. „Ich war damals ein Kind, ich erinnere mich, dass mein Vater so um 1986/87 irgendwann sagte, er habe die letzte Rate überwiesen", sagt Rüdiger Schäfer (Jahrgang 1964).

Das Schuhhaus Stephan gibt es schon sehr lange. 1939 gab es einen Brand im Dachgeschoss, dem ein gehörloser Jude zum Opfer fiel.

Das Schuhhaus Stephan 1954.

Oben: Die Drogerie Hoevel 1954.
Rechts: Becker's Schnell-Imbiss" im Jahr 1976 – böse Zungen nannten ihn „Frikadellen-Puff".

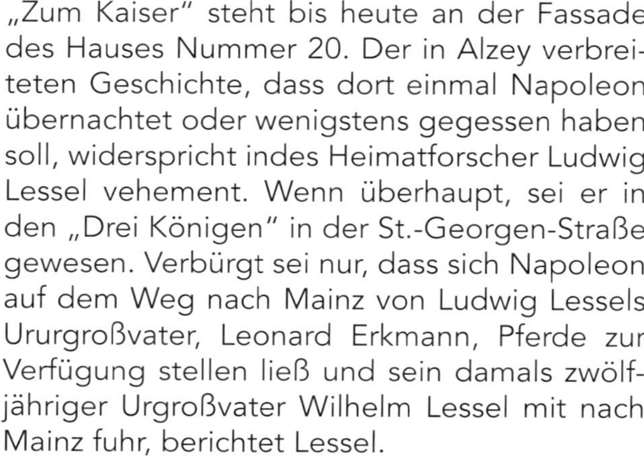

„Zum Kaiser" steht bis heute an der Fassade des Hauses Nummer 20. Der in Alzey verbreiteten Geschichte, dass dort einmal Napoleon übernachtet oder wenigstens gegessen haben soll, widerspricht indes Heimatforscher Ludwig Lessel vehement. Wenn überhaupt, sei er in den „Drei Königen" in der St.-Georgen-Straße gewesen. Verbürgt sei nur, dass sich Napoleon auf dem Weg nach Mainz von Ludwig Lessels Ururgroßvater, Leonard Erkmann, Pferde zur Verfügung stellen ließ und sein damals zwölfjähriger Urgroßvater Wilhelm Lessel mit nach Mainz fuhr, berichtet Lessel.

Gesichert ist auch, dass das heutige Wohn- und Geschäftshaus in seinem Kern aus dem 16. Jahrhundert stammt, 1561 ist es als „Schildwirtschaft Zur Weißenburg" erwähnt, heißt es im Band Alzey-Worms der Denkmaltopographie Bundesrepublik Deutschland. 1740 bis 1788 war hier die erste Thurn- und Taxissche Poststation, eingerichtet unter Johann Plerch, sie zog später in die Spießgasse 10. Zwischen 1900 und 1920 gab es dann die Gastwirtschaft „Zum Kaiser". Lessel kennt eine Geschichte aus der Zeit vor dem Ersten Weltkrieg: Im Nebenraum der Gastwirtschaft hielt ein nicht studierter Mediziner namens Nagel aus Meisenheim einmal im Monat Sprechstunde. Einmal kam ein junger Mann. Er hatte sich einen Arm gebrochen gehabt, der dann schief zusammengewachsen war. „Ich muss ihn dir nochmal brechen, um ihn zu richten", sagte Nagel. Das war dem Mann dann doch unheimlich und er ging wieder. Als er draußen am offenen Fenster vorbeikam, sagte Nagel: „Zeig noch mal!" Der andere streckte den Arm rein, Nagel nahm ihn, schlug ihn auf den Fensterrahmen und brach ihn. „So, jetzt komm rein, jetzt richte ich ihn dir!", sagte der Medizinmann.

In einem Teil des Hauses war die chemische Reinigung Bayer und nebendran die Drogerie Gustav Hoevel, die später in die St.-Georgen-Straße zog. Dann übernahm Schuh-Stephan den rechten Teil des Hauses, links etablierte sich „Becker's Schnellimbiss", seit rund 30 Jahren ist hier „Fantastico", ein Laden mit Spielwaren, Baby- und Kinderbekleidung.

In dem spätklassizistischen Wohn- und Geschäftshaus nebenan, der Nummer 22, schnitt um 1900 Friseur Heinrich Marquard bis in die 1950er Jahre die Haare, dann zog Aenne Gutting mit dem Wollgeschäft ein, das später zum Handarbeitsstudio Doris Brück wurde, zuletzt unter der Leitung von Susanne Eibes-Böhm. Heute hat dort Claudia Conrad den Strickladen „Wollkaholic".

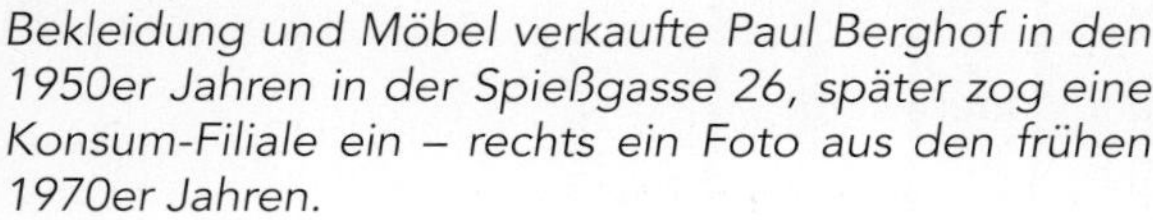

Bekleidung und Möbel verkaufte Paul Berghof in den 1950er Jahren in der Spießgasse 26, später zog eine Konsum-Filiale ein – rechts ein Foto aus den frühen 1970er Jahren.

Die Nummer 24 stammt in ihrem Kern noch aus dem 16./17. Jahrhundert, der Keller ist noch ein Tonnengewölbe und der runde Treppenturm im Hof geht auf das 16. Jahrhundert zurück. Im Laden verkaufte Georg Jung lange Tabakwaren, später übernahm sein Schwiegersohn Jakob Zimmer das Geschäft als Lebensmittelhandel, den dann Tochter Irmgard Hein weiterführte. „Anfang der 1970er Jahre gab es da zuletzt noch Gemüse mit Auslagen vor der Tür", sagt Seibel-Tauscher und Wahner frotzelt: „Hinten im Hof wurde in einer Wasserbütt der Spinat eingeweicht, weil er nass mehr wiegt." Heute ist hier einer der hässlichsten Leerstände der Spießgasse.

In dem barocken Wohn- und Geschäftshaus Nummer 26 war im 16. Jahrhundert die Herberge zum Helm neben der Schuhmacherstube, später gehörte das Haus dem Stadtmajor Widder. „In den 1930er Jahren war links Thams und Garfs, ein Bremer Kaffeehandel, und rechts Moses Bronné mit Manufakturwaren – bis die Nationalsozialisten die Macht übernahmen", sagt Lessel. Ab 1950 verkaufte dann Paul Berghof in dem Laden Textilien und Möbel, später boten Konsum, die Lebensmittelhandelskette Coop und jetzt NKD ihre Waren an.

Die oben erwähnte Zunftstube der Schuhmacher des Mittelalters ist die Spießgasse 28. „Um 1800 gehörte das Haus dem Caféwirt Franz Reitz, ehe es 1826 mein Vorfahr Adam Lessel kaufte und einen Eisenwarenladen eröffnete", berichtet Ludwig Lessel. Seit Ende des 19. Jahrhunderts gab es dort auch Jagd- und Sportwaffen. Anschließend führten Karl Lessel und später Ria Lessel den Handel weiter. In dieser Form bestand der Laden bis 1971. Danach zeigen alte Fotos eine Filiale des Otto-Versands. Anschließend betrieb Michael Leoff hier einen Juwelierladen, gefolgt von Teresia Auel, die später an den Fischmarkt zog. Dann kam Geschenkartikel Heuser, heute verkauft Tobias Markert in seiner Gold- und Silberschmiede hier wieder Schmuck.

Die landwirtschaftliche Winterschule in ihrer Glanzzeit um die Jahrhundertwende.

Markantes Gebäude verschwand für immer

In der Winterschule am Damm lernten einst angehende Landwirte. Nach dem Krieg war hier zeitweise die Post und bis zum Abriss die Schreinerei Bitsch.

Es war ein markantes Gebäude an der Ecke Weinrufstraße/Am Damm und geblieben davon ist – nichts. Die ehemalige Winterschule – nach dem Krieg die erste Post in Alzey und später Schreinerei – wurde 1978 auf Beschluss des Stadtrats abgerissen, weil ihr Zaun und Vorgarten der Verkehrsplanung von Professor Kurt Leibbrand im Wege standen. Der Altstadtverein kämpfte zuletzt noch um einige Steine, selbst das vergebens. „Wir haben damals zugesagt bekommen, dass der wertvolle Giebel zu großen Teilen eingelagert und später in einen Neubau eingearbeitet werden soll", sagt Doris Seibel-Tauscher (Jahrgang 1948), Vorsitzende des Altstadtvereins von 1997 bis 2022. Stattdessen steht heute an der Stelle der Winterschule ein modernes Wohngebäude. Und der Ehrenvorsitzende des Altstadtvereins, Wulf Kleinknecht (Jahrgang 1942), musste 2020 feststellen, dass die damals nach Aussage des rheinland-pfälzischen Kultusministeriums zu erhaltenden Ziersteine mit Giebelspitze und Bogensteinen sowie der Schlussstein mit dem Namen des Erbauers und der Jahreszahl endgültig verloren sind. Mitarbeiter des Bauhofs hatten sie irgendwann auf den städtischen Lagerplatz Am Herdry gefahren; von dort wurden sie letztendlich entsorgt.

Ende 1894 hatte der Stadtrat sich zum Bau der Winterschule entschlossen. Treibende Kraft war Stadtratsmitglied Carl Römer, der zugleich stellvertretender Vorsitzender des Landwirtschaftlichen Vereins der Provinz Rheinhessen war. Der Verein war der Schulgründer, die

Oben: Die Winterschule auf einer Grußkarte. Der Turm der Nikolaikirche (rechts) hat noch das alte, 1904 durch die heutige Spitze ersetzte Helmdach.

Links: Das repräsentative Gebäude im Stil des Historismus auf einer 1912 verschickten Postkarte.

Stadt übernahm die Baukosten und trug damit ihrer Rolle als Mittelpunkt eines landwirtschaftlich genutzten Umlandes Rechnung, heißt es in einem im Heimatjahrbuch des Kreises Alzey-Worms 2018 abgedruckten Aufsatz des Pädagogen und Stadthistorikers Eduard Berlet. Vier Jahre lang war der landwirtschaftliche Nachwuchs bereits zunächst kurz im Stadtratssaal und dann in der Löwengasse unterrichtet worden, als am 30. Oktober 1895 der neue repräsentative Bau an der Ecke Weinrufstraße/Am Damm feierlich eingeweiht wurde. Es war die fünfte Schule ihrer Art im Großherzogtum Hessen mit dem Ziel, Jungbauern theoretisch und praktisch in Landwirtschaft, Weinbau und Kellerwirtschaft weiterzubilden. Der Alzeyer Stadtbaumeister Jakob Schmitt hatte die Schule im Stil des Historismus erbaut, ein eindrucksvolles Gebäude aus gelblichen und rötlichen Sandsteinquadern mit zwei mächtigen Giebeln zur Straßenseite. Untergebracht war in dem Haus auch die Geschäftsstelle des Landwirtschaftlichen Vereins der Provinz Rheinhessen und es gab zwei Wohnungen, die die Stadt vermietete.

In jeweils zwei Winterhalbjahren von November bis März wurden nur junge angehende Landwirte im Alter zwischen 16 und 18 Jahren, die die Volks- und die Fortbildungsschule erfolgreich abgeschlossen und bereits in der Landwirtschaft gearbeitet hatten, unterrichtet. Voraussetzung war auch ein Zeugnis des Oberbürgermeisters über ihre „charakterliche Untadeligkeit". Der Unterricht mit 34 beziehungsweise 39 Wochenstunden zielte auf eine rationellere Bewirtschaftung und eine Qualitätsverbesserung der Erzeugnisse ab, Alzey profitierte als wachsendes Zentrum für landwirtschaftliche Forschung und Handel. 1933 musste die Winterschule schließen. Die landwirtschaftliche Selbstverwaltung war den Nationalsozialisten ein Dorn im Auge. Das Gebäude wurde in Bannführerschule umbenannt und von der Hitlerjugend genutzt.

Nach dem Zweiten Weltkrieg zog die Post in das Gebäude ein. Die ehemals „Kaiserliche Post" in der Weinrufstraße/Ecke Münch-Braun-Straße war im Krieg zerstört worden. „Die Winterschule wurde 1945 zur Post, bis im Oktober 1955 das Postamt am ehemaligen Viehhof, wo die Briefträger bis im Frühjahr 2023 ihr Quartier hatten, eröffnete", sagt Manfred Hinkel (Jahrgang 1944), der über „Die Post in der Stadt Alzey" 2019 eine Broschüre veröffentlicht hat. „Die alte Post am Damm war viel dunkler, trister und muffiger und die Schalter viel enger als im 1955 eröffneten neuen Postamt", erinnert er sich. Als Werner Weiß (Jahrgang 1935) seine Ausbildung bei der Post am 1. April 1955 begann, war das Alzeyer Postamt noch in der ehemaligen Winterschule. „Es gab drei Schalterbeamte, zwei für Briefe und einen Paketmann", sagt er. Die Einrichtung bestand aus einer Theke, quasi wie in der Kneipe, dahinter waren die Schreibpulte. Zur Ausstattung gehörten eine Mappe, in der Briefmarken in 50er-Bogen lagen, eine grüne Gummischale mit einem roten Schwamm, mit dem die Briefmarken zum Aufkleben angefeuchtet werden mussten, und ein Stempel sowie ein Stempelkissen. Das Gewicht von Paketen ermittelte der Postbeamte mittels einer Federwaage. Neben den Schreibtischen der Postbeamten gab es noch extra Auszahlungsplätze, denn über die Post wurde auch ein Großteil der Renten abgewickelt. „Am Monatsende kamen zusätzlich zwei bis drei Frauen, die das Geld auszahlten", sagt Weiß. Die Privatkassen übersandten das Geld mit Zahlungsanweisungen, Geldzusteller der Post überbrachten es den Ruheständlern. Auch Privatleute füllten Postüberweisungen aus und verschicken so Geld innerhalb von Deutschland.

Die Briefkästen wurden abends um 18 Uhr das letzte Mal geleert, dann kam die Post „hoch aufs Amt", sagt Weiß. Dort wurde alles vorsortiert, abgebunden und, was nicht für Alzey und Alzey-Land war, zum Bahnhof gebracht. Natürlich mussten auch Pakete dorthin geschafft beziehungsweise von dort geholt werden. „Zum Postaustausch mussten wir an den Bahnhof", berichtet Weiß. „Wir sind mit einem Holzkarren von der Weinrufstraße aus hochgefahren, einer hat vorne wie ein Pferd in der Deichsel den Karren gezogen, zwei haben hinten geschoben", erzählt er und erinnert sich an einen besonderen Vorfall: Als die Postler ihren Wagen bergauf schoben, überholte sie der Landwirt vom Weingut Stock mit seinem Pferdefuhrwerk. Die beiden hinten riefen: „Hans, halt dich fest, der zieht uns hoch!" und hörten auf zu schieben. „Postler Hans griff nach dem Gebändsel am Fuhrwerk und hielt sich an einer Kordel fest – es gab einen Ruck und der Stopfen, der das Puhlfass mit der Jauche verschloss,

Oben: Das Fernmeldeamt 1956 im ersten Stock der ehemaligen Winterschule in einem Zeitungsausschnitt. Zu dieser Zeit war im Erdgeschoss die Post schon ausgezogen.

Links: Jubiläumsfeier des Fernmelders Joh. Dexheimer (vorne Mitte) am 7. August 1956 vor dem Eingang zur Post in der ehemaligen Winterschule.

sprang raus. Die ganze Brühe ergoss sich über Hans, er hat eine Woche lang gestunken und wir haben noch 50 Jahre später darüber gelacht", sagt Werner Weiß.

Während im Erdgeschoss Briefe und Päckchen angenommen und Gelder ausgezahlt wurden, war von 1947 an im ersten Stock der ehemaligen Winterschule auch das Fernmeldeamt, das zunächst zum Fernmeldebauamt in Mainz gehörte. Dort vermittelte das „Fräulein vom Amt" die Gespräche. Die Telefonvermittlung per Handstöpseln hatte zunächst 500 Anschlüsse; bereits 1949 waren alle belegt. „Mutmaßlich wurde dann die Kapazität erweitert, denn die Fernmeldestelle blieb zunächst auch nach dem Auszug der ‚gelben Post' dort – als Außenstelle vom Fernmeldeamt Bad Kreuznach", sagt Manfred Hinkel. Von 1956 stammt eines der äußerst seltenen Fotos aus dem Fernmeldeamt, das Fotograf Karl Zollitsch als Gruppenbild anlässlich des Dienstjubiläums eines Fernmelders für die Zeitung aufgenommen hatte.

Das Fernmeldeamt blieb bis 1957 in der alten Winterschule, am 2. Oktober 1957 eröffnete dann das Knotenamt Alzey mit Selbstwählferndienst im ersten Stock des mittlerweile neuen Postamts in der Weinrufstraße 11. „Wann die in der ehemaligen Winterschule verbliebenen Fernmelder danach nach Bad Kreuznach umgezogen sind, ist leider nicht übermittelt", sagt Hinkel. Sie waren auf jeden Fall noch da, als ins Erdgeschoss 1958 der Schreinermeister Ludwig Bitsch einzog.

Ludwig Bitschs Vater, Peter Bitsch, Schreiner in vierter Generation, hatte nach einem schweren Verkehrsunfall 1947 seinen Betrieb aufgeben müssen. Nun gründete Ludwig Bitsch den Betrieb in der alten Winterschule neu und schaffte im Aufwind des damaligen Wirtschaftswunders moderne Maschinen an, wie es in der Firmenchronik heißt. Das im Besitz der Stadt befindliche Gebäude indes war zu diesem Zeitpunkt schon ziemlich heruntergekommen und für die Arbeit mit schweren Maschinen eigentlich ungeeignet. „Ich erinnere mich an Ludwig Bitsch als kleinen, zierlichen Schreinermeister mit einem gut organisierten Betrieb", sagt Wulf Kleinknecht, Ehrenvorsitzender des

1966 war das Gebäude schon sehr heruntergekommen. Im Erdgeschoss hatte zu dieser Zeit Schreiner Ludwig Bitsch seine Werkstatt.

Altstadtvereins. Schon als Jugendlichen habe ihn allerdings erstaunt, dass in einem solchen Prachtbau eine Schreinerei war, und er habe bedauert, dass dieses alte Haus nicht renoviert worden sei.

Erinnerungen an die Schreinerei hat auch der Sammler historischer Alzeyer Fotos, Walter Steinmetz (Jahrgang 1953). In den 1960er Jahren begeisterten er und seine Freunde sich für „Ivanhoe – der schwarze Ritter". Sie spielten Mittelalter und brauchten Schwerter. „Wir sind dann zu den Schreinereien und haben um Holz

Schreiner Ludwig Bitsch bei der Arbeit.

Oben: Die Winterschule kurz vor dem Abriss im Sommer 1978.

Rechts: Beim Abriss 1978 wurden gemäß einer Forderung des Landeskultusministeriums wertvolle Teile des Giebels geborgen, um sie später weiterzuverwenden. Heute sind sie jedoch verschwunden.

gebeten, manche haben uns ein paar Latten aus der Abfallkiste gegeben, aus denen wir unsere Schwerter bastelten, so auch der Schreiner Bitsch", erzählt Steinmetz.

Anfang der 1970er Jahre war der Ur-Alzeyer Franz Wahner (1949 – 2023) Kunde in der Schreinerei: „Ich habe mir beim Ludwig Bitsch 1972 einmal die Bretter für ein Regal sägen lassen", sagt er. Das Gebäude war damals sehr heruntergekommen und eigentlich für eine Schreinerei ungeeignet. „Wenn Bitsch lange Bretter oder Balken hobeln musste, hat er sie durch das offene Fenster manchmal mehrere Meter nach draußen geschoben, weil der Platz

Nach dem Abriss der Winterschule 1978 blieb zunächst eine Freifläche.

Im Mai 1990 war der Neubau einer Wohnanlage in vollem Gange.

Die fertige Wohnanlage 1997 – nichts erinnert heute dort mehr an die Winterschule.

in den Räumen einfach nicht reichte", erinnert sich Wahner. Auch Doris Seibel-Tauscher war zu jener Zeit mehrfach bei Bitsch, da sie dort Leisten zurechtschneiden ließ, mit denen sie ihre Bilder für die Ausstellungen der 1975 gegründeten Künstlergruppe impuls(e) rahmte. „Der große Saal im Parterre war seine Hauptwerkstatt mit Lager. Für große Hölzer hatte Bitsch die Decke zum ersten Stock teilweise herausgebrochen, damit er die Latten dort platzsparend aufstellen konnte, sie ragten in das nächste Stockwerk hinein", erinnert sie sich. „Für ihn war das prachtvolle Gebäude einfach ein Zweckbau."

„1976 musste Ludwig Bitsch die angemieteten Werkstatträume in der ehemaligen Winterschule verlassen, da diese zur Verwirklichung eines Generalverkehrsplanes abgerissen wurde", heißt es in der Chronik der Schreinerei. Der Schreinermeister errichtete seine neue Werkstatt in der Talstraße; das Gebäude in der Weinrufstraße verkam noch mehr.

Der Altstadtverein kämpfte vergeblich darum, den Bau unter Denkmalschutz stellen zu lassen. Im Sommer 1978 rollten die Abrissbagger an. Die von einem Kran aus abgebauten Giebel blieben letztlich auch nicht erhalten. Gerettet wurde nur der schmiedeeiserne Zaun, der am Bürogebäude von Geo Krantz Ecke Wormser Straße/Mehlbergweg wieder aufgebaut wurde. Heute steht an der Stelle der ehemaligen Winterschule eine 1990 errichtete Wohnanlage.

Stefanie Widmann

Die Autorin wurde 1956 in Wiesbaden geboren. Schon während des Studiums der Germanistik, Publizistik und Hispanistik an der Mainzer Johannes Gutenberg-Universität arbeitete sie ab 1978 als freie Mitarbeiterin für die Allgemeine Zeitung. Nach dem Magister-Abschluss 1982 volontierte sie dort und arbeitete ab 1983 als fest angestellte Redakteurin in Mainz, zuletzt bis 2015 für die Ressorts Politik und Wirtschaft mit den Schwerpunkten Landespolitik, Unternehmensbilanzen, Wein und historische Themen.
Im September 2015 nahm sie ihre Arbeit in der Lokalredaktion Alzey auf. Die offene und freundliche Art, mit der ihr ihre Gesprächspartner in der Volkerstadt begegneten, und der Charme des Städtchens begeisterten sie von Anfang an. Mit besonderer Hingabe widmete sie sich fortan vor allem den Themen Stadtentwicklung, Geschichte, Portraits und ihrer 2017 gestarteten historischen Serie.
Seit dem Eintritt in den Ruhestand 2020 arbeitet Stefanie Widmann als freie Autorin weiter für die Zeitung, aber auch für andere Auftraggeber. In Alzey liegt ihr Schwerpunkt auf der Fortschreibung der beliebten Serie „Alzey – einst und heute". Jede Folge bedeutet höchst aufwändige Recherche und viele zum Teil lange Gespräche mit Zeitzeugen. Während die großen historischen Daten der Stadt vielfach dokumentiert sind, betritt die Autorin mit den Ausführungen über die jüngste Vergangenheit immer wieder Neuland. Hier beruht alles überwiegend auf den Erinnerungen von Zeitzeugen. Und es gilt bisweilen der Spruch: drei Alzeyer, fünf Meinungen. Ungenauigkeiten sind hier also unausweichlich, trotzdem ergibt sich ein insgesamt realistisches, stimmiges Bild, das die Zeitungsleser begeistert und letztlich die Idee zu diesem Buch lieferte.

Danksagung

Dieses Buch ist ohne die Unterstützung ganz vieler Menschen undenkbar. Ihnen allen, vor allem jedem einzelnen in diesem Buch erwähnten Interviewpartner, gebührt mein herzlicher Dank. Leider kann ich hier nur wenige kontinuierliche Begleiter meiner Arbeit hervorheben.
Da ist als erstes der Bildersammler **Walter Steinmetz**, den man schon fast als Co-Autor bezeichnen muss, denn aus seiner Sammlung stammt der weitaus größte Teil der Fotos. Mit absoluter Zuverlässigkeit und Akribie sucht er bis heute für jede Folge die markantesten und schönsten Aufnahmen aus seinem immensen Fundus und stellt sie kostenlos zur Verfügung. Dank gebührt auch dem Sammler **Hans-Otto Schmitt** für seltene Postkarten.
Die textlichen Recherchen haben als „Telefonjoker", wie ich sie nenne, kontinuierlich begleitet: **Wolfgang Dörrhöfer, Manfred Hinkel** und **Ludwig Lessel**, die mir immer wieder Dokumente zur Verfügung stellten, Auskunft gaben und Kontakte zu Zeitzeugen verschafften. Mein Dank geht in diesem Zusammenhang ebenso an **Dr. Eva Heller-Karneth** und **Dr. Rainer Karneth** vom Stadtarchiv und Museum Alzey.
Mein besonderer Dank gilt meiner unermüdlichen Freundin **Doris Seibel-Tauscher,** die zu jeder Zeit für mich ansprechbar ist und unzählige Erinnerungen parat hat. Auch nach Mitternacht sucht sie noch nach Dokumenten für mich und wir whatsappen und telefonieren über Details bisweilen sogar bis zwei oder drei Uhr am Morgen. Dank auch an ihren Ehemann **Jörg Tauscher** für seine Unterstützung.
Und hier, am Ende des Alphabets, würde ich so gerne meinem Freund **Franz Wahner** danken, aber leider ist er am 30. März 2023 von uns gegangen.
Seine stets offene Tür, seine unendliche Liebe zu Alzey und sein unermesslicher Anekdotenschatz, seine Ruhe, sein Humor und seine Lebensfreude, die mir die Stadt zur zweiten Heimat machten, waren unverzichtbar für das Gelingen der Serie. In den Videos über Alzey, die wir zusammen mit seiner geliebten Hündin Lilly drehten, bleibt er für immer lebendig.
Last, but not least: Was nutzt der beste Inhalt, wenn die Form nicht stimmt. Am Ende braucht es jemanden, der mit angemessenem Abstand auf das Formulierte schaut. Meine Mainzer Freundin **Gabriele Bös** hatte den Blick der neutralen Leserin. Sie stellte Fragen zu Dingen, die mir selbstverständlich erschienen, und bewies sich einmal mehr als Königin der Grammatik, des Satzbaus, der Rechtschreibung und der Kommaregeln. Danke für die kritische „Endabnahme".